Les Verts

GUILLAUME SAINTENY

Deuxième édition corrigée

10e millle

ISBN 2 13 044491 1

Dépôt légal — 1re édition : 1991
2e édition corrigée : 1992, mars

© Presses Universitaires de France, 1991
108, boulevard Saint-Germain, 75006 Paris

INTRODUCTION

L'apparition, le développement, la structuration puis l'installation durable, partout dans le monde, de mouvements écologistes puis de véritables partis verts sont, avec l'effondrement des régimes communistes d'Europe centrale, l'un des phénomènes politiques majeurs de cette fin de siècle[1].

C'est en 1972, en Nouvelle-Zélande et sous le nom de *Values party* qu'est créé le premier parti écologiste au monde. Depuis, d'autres ont suivi, non seulement dans la quasi-totalité des pays occidentaux, mais aussi en Europe de l'Est (Bulgarie, Estonie, Lettonie, RDA, Roumanie, Tchécoslovaquie...) ou encore dans le Tiers-Monde (Brésil...).

L'écologie politique est apparue sous diverses formes dans les différents pays d'Europe. Dans un premier groupe de pays, de petits partis socialistes ou de gauche,

---

1. Ces deux faits ne sont d'ailleurs pas sans liens, puisque les partis verts sont parmi les premiers à se former en Europe de l'Est avec l'introduction du multipartisme. En outre, l'ampleur de la dégradation de l'environnement dans ces pays (pour l'exemple de l'URSS, voir Boris Komarov, *Le Rouge et le vert*, Paris, Seuil, 1981 trad. de *Unictozeniye Prirody*, Passev Verlag, Frankfurt am Main, 1979) ; semble être l'une des causes de l'augmentation du mécontentement populaire. Ainsi, en Bulgarie, la première grande manifestation de rues depuis l'instauration du système communiste est celle organisée par le mouvement *Ecoglasnost*, rassemblant 5000 personnes pour protester contre des projets menaçant l'environnement qui marque, en novembre 1989, le début de la contestation ouverte du régime. Enfin, la pensée politique, de certains dissidents et contestataires des anciens régimes communistes, aujourd'hui au pouvoir, apparaît étonnamment proche de celle des écologistes occidentaux. Pour un exemple, voir Vaclav Havel, *Essais politiques*, Paris, Calmann-Lévy, 1989, notamment « La politique et la conscience », (1984), p. 222-247 ; *Interrogatoire à distance*, Paris, ed., de l'Aube, 1989, p. 14-22 (1re ed. tchéque : 1986).

existant, depuis un certain temps et en tout cas avant les mouvements d'écologie politique, adoptent graduellement quelques-unes des questions clés des mouvements « environnementalistes » et écologistes et font éventuellement figure, aux yeux de l'opinion au moins, de quasi-partis écologistes (*Parti socialiste* au Danemark, *Parti socialiste pacifiste* et *Parti radical* aux Pays-Bas, *Parti radical* en Italie, jusqu'au début des années quatre-vingt...).

Dans un second groupe de pays, des partis libéraux, agraires ou de la périphérie[2] mettent l'accent sur les questions d'environnement, du nucléaire, de décentralisation... et en viennent également à représenter partiellement la problématique écologiste (*Parti du centre* en Suède, *Démocratie 66* aux Pays-Bas, *Venstre* en Norvège...).

Enfin, dans un troisième groupe de pays se forment de toutes pièces des nouveaux partis qui s'érigent sur la thématique écologiste (Autriche, Belgique, France, Grande-Bretagne, RFA, Suisse...). Au sein de ceux-ci se distinguent, parfois dans les mêmes pays, une catégorie de partis écologistes conservateurs (ODP en RFA, VGO en Autriche...) qui sont très vite dominés par une catégorie de nouveaux partis plus progressistes, souvent dénommés : *Les Verts*[3].

---

2. Sur ces divers types de partis, voir notamment, Daniel-Louis Seiler, *Familles et partis politiques*, Paris, PUF, 1980.

3. L'appellation n'est pas neuve, puisque existèrent, dans le passé, des formations ainsi nommées. C'est le cas du mouvement agrarien *Les Verts* qui tente de trouver sa place entre *Les Blancs* et *Les Rouges*, pendant la guerre civile en Russie. C'est également la dénomination, issue de la couleur portée lors des courses dans l'Hippodrome à Rome et à Byzance d'une des factions politiques. A Byzance surtout, *Les Verts* associés aux *Rouges* et opposés aux *Blancs* associés aux *Bleus*, loin de se confiner dans leur rôle d'association sportive deviennent des quasi-partis (*dèmes*) sur lesquels les empereurs s'appuient à tour de rôle. Ils exercent en effet d'importantes fonctions officielles, militaires et municipales et apparaissent comme les agents et représentants des aspirations politiques du peuple. A l'opposé des *Blancs*, dirigés par l'aristocratie et représentant l'orthodoxie grecque, *Les Verts*, adhèrent au monophysisme et représentent davantage les catégories populaires de la population. Sur les *dèmes*

Il faut remarquer que l'adoption de positions pro-écologistes, à un moment donné et de manière plus ou moins accentuée par de petits partis centristes, agraires, radicaux, socialistes, ou de la périphérie n'a jamais empêché mais simplement retardé la formation de nouveaux partis écologistes.

A l'inverse des deux premières catégories qui ne sont donc pas vraiment des partis écologistes, ces derniers, malgré des différences et spécifités propres à l'histoire et à la culture des nations dans lesquelles ils agissent, présentent un ensemble de caractéristiques communes qui permettent de les apparenter à une même famille et qui sont loin de se résumer à leur seul intérêt pour le thème de l'environnement. Il s'agit plutôt d'une nouvelle génération de partis politiques qui ont en commun un style d'action politique non conventionnel, des structures participatives, faiblement bureaucratisées et hiérarchisées, une pratique de démocratie directe, de mandat impératif et de décision collective, une base sociale voisine (jeune, hautement instruite, composée essentiellement de classes moyennes), une thématique insistant sur l'autonomie, l'égalité des droits, notamment pour les minorités éthniques, l'environnement, le tiers-mondisme, le désarmement, la démocratie directe, le contrôle des choix scientifiques, l'autonomie de la société civile, le refus de la différenciation et de la professionnalisation du politique, la critique tant du marché que de l'Etat et de la priorité accordée à la croissance économique sur l'agenda politique.

En Europe, des partis de cette famille, réussissant presque partout à obtenir des élus, sont nés successivement dans la plupart des pays. Le tableau 1 indique leur dénomination, la date de leur création ainsi que leurs

---

et particulièrement *Les Verts* à Byzance, voir, par exemple, Louis Brehier, *Vie et mort de Byzance*, t. 2, Paris, A. Michel, 1949, notamment p. 195-202 ; Georges Ostrogorsky, *Histoire de l'Etat byzantin*, Paris, Payot, 1956 notamment p. 95-97, 113-115 (trad. de *Geschichte des Byzantinischen Staates*, 1952 (1re ed. : 1940).

Tableau 1. – **Les partis verts en Europe**

Pays	Nom	Date de création	% s.e. à la dernière élection nationale	Nbre d'élus	% s.e. à l'élection européenne de juin 1989	Nbre d'élus au P.E.
Grande-Bretagne	*Green Party*	1973 (sous le nom de *People party*)	1,3 (1987)	0	15	0
RFA	*Die Grünen*	1980	5,8 (1990) (alliés avec la gauche alternative)	8	8,4 —	8 —)
Belgique	*Ecolo* (Wallonie)	1980	5,1	10	16,6	2
	Agalev (Flandre)	1982	4,9 (1991)	7	12,2	1
Irlande	*Comahantas Glass*	1981 (sous le nom de *Ecology Party of Ireland*)	1,5 (1989)	1	3,8	0
Portugal	*Os Verdes*	1981	8,8 (1991) (alliés avec 2 autres partis)	2	14,4 (alliés avec 3 autres partis)	1 (sur 4 élus de la coalition)
Suède	*Miljöpartiet De Grona*	1981 (sous le nom de *Miljopartiet* (après la formation de partis environnementalistes locaux à partir de 1972))	3,4 (1991)	0	—	—

Tableau 1. – **Les partis verts en Europe** (suite)

Pays	Nom	Date de création	% s.e. à la dernière élection nationale	Nbre d'élus	% s.e. à l'élection européenne de juin 1989	Nbre d'élus au P.E.
Danemark	*De Grønne*	1983	1,4 (1988)	0	18,9 (au sein d'une coalition anti-CEE)	0 (sur 4 élus de la coalition)
Luxembourg	*Di Greng Alternativ*	1983	3	2	10,4 (sur 2 listes)	0
Pays-Bas	*De Groenen*	1983	0,4 (1989)	0	Non candidats mais 7 % et 2 sièges pour une liste arc-en-ciel sans *De Groener*	
Espagne	*Los Verdes*	1984	0,8 (1984)	0	3,8	0
France	*Les Verts, Confédération écologiste-Parti écologiste*	1984	0,3 (1988)	0	10,6	9
Autriche	*Die Grüne Alternative*	1985 (après création ALO et VGO en 1982)	4,5 (1990)	9	—	—
Italie	*Federazione delle Liste verdi*	1986	2,5 (1987)	13	3,8	3

Tableau 1. – **Les partis verts en Europe** (suite)

Pays	Nom	Date de création	% s.e. à la dernière élection nationale	Nbre d'élus	% s.e. à l'élection européenne de juin 1989	Nbre d'élus au P.E.
Suisse	*Parti écologiste suisse*	1986 (regroupant des partis écologistes régionaux fondés à partir de 1972)	6,7 (1991)	14	—	—
Finlande	*Vichreä Litto*	1987	6,8 (1991)	10	—	—
Norvège	*Miljøpartiet De Grønne*	1988	0 (1990)	0	—	—
Bulgarie	*Zelena Partia Bulgarian Cercens*	1989	2,9 (1991)	0	—	—
	Ecoglasnost	1989	0	0	—	—
Grèce	*Omospondia ecologikon Enallktikon organoseon*	1989	0,61 (1989)	1	1,1	0
Hongrie	*Magyaroszagi Zold Part*	1989	0,37 (1990)	0	—	—

8

Tableau 1. – **Les partis verts en Europe** (suite et fin)

Pays	Nom	Date de création	% s.e. à la dernière élection nationale	Nbre d'élus	% s.e. à l'élection européenne de juin 1989	Nbre d'élus au P.E.
Malte	Altternativa Demokratika	1989	non candidats	1 (par chan-ge-ment d'éti-quette)	—	—
Yougosla-vie (Slovenie)	Zeleni Slovenije	1989	8,8 (1990)	17	—	—
Tchecoslo-vaquie	Strana Zelenych	1990	3,5 (1990)	0	—	—
Roumanie	Miscarea ecologista din Roma-nia	1990	2,6	12	—	—
	Partidul ecologista roman		1,7 (1990)	8	—	—

résultats électoraux et nombre d'élus à la dernière élection nationale, et, s'il y a lieu, européenne[4].

Curieusement, en France, malgré une apparition précoce et des résultats électoraux longtemps supérieurs à ceux obtenus dans nombre de pays voisins, l'écologisme est resté un champ de recherche délaissé. Ainsi, en 1990, il n'existait, hormis des témoignages d'acteurs et des livres d'« humeur », aucun ouvrage, même synthétique, d'analyse objective de l'écologisme, carence d'autant plus coupable, que les déformations médiatiques – critiques ou laudatrices – à son endroit sont nombreuses. Sans prétention aucune quant à l'exhaustivité ou à

4. Les éléments concernant les pays d'Europe de l'Est sont à considérer avec prudence.

l'édiction d'une « vérité absolue », particulièrement ar-
dues en l'occurrence en raison de la complexité, du
caractère hétérogène, protéiforme et parfois déconcer
tant de ces mouvements, l'objet du présent opuscule est
donc d'esquisser une synthèse objective, dans la mesure
du possible, de l'écologisme. Etant donné les limites
de l'épure, imposées par la genre de cette collection, le
parti a été pris de tenter de mettre en relief les aspects
principaux de ce courant et les questions majeures qu'il
semble poser en partant, surtout, de l'exemple français
mais aussi en insistant sur les traits communs avec des
homologues étrangers.

CHAPITRE PREMIER

GENÈSE :
LA LABORIEUSE ÉMERGENCE
DE L'ÉCOLOGISME FRANÇAIS

I. – Jusqu'en 1974

La naissance de l'écologisme français est cahotante, laborieuse et complexe. La construction de ce courant peut s'analyser comme une synthèse inachevée d'apports idéologiques et militants divers et d'ampleur inégale dont les principaux proviennent des associations de protection de la nature, groupes de défense de l'environnement et du cadre de vie, de lutte contre les nuisances, mouvements de défense des usagers, des consommateurs, groupes de vie alternative (communautés, nourriture biologique, médecines douces, énergies douces...), luttes antinucléaires, mouvements d'extrême gauche et de la gauche alternative.

Dès la fin des années soixante on assiste à la radicalisation de certains protecteurs de la nature et à la création d'associations telles que l'AEJPNE (*Association des écrivains et journalistes pour la protection de la nature et de l'environnement*) (1969), *Survivre* (1970) devenu par la suite *Survivre et vivre*, mouvement de scientifiques critiques à l'égard de la science ou *Les Amis de la Terre* (1970), filiale française des *Friends of the Earth*.

Mais c'est surtout la lutte antinucléaire qui sert de détonateur à cette mouvance, provoquant, tout à la fois un rapprochement, partiel et parfois provisoire, de certains de ses divers éléments et une relative radicalisation. Ainsi, le 12 avril 1971, la première manifestation antinucléaire rassemble 1 300 personnes à Fessenheim (elles seront 10 000 un an plus tard, le 8 mai 1972) tandis que, le 10 juillet 1973, les manifestants sont déjà 15 000 à protester contre le projet de construction d'une centrale au Bugey, puis 20 000 à Paris, à l'appel des *Amis de la Terre* et du PSU, en mai 1975.

D'autres actions ont aussi valeur symbolique, voire unificatrice, comme les manifestations contre les projets d'extension du camp militaire du Larzac qui regroupent quelques centaines de manifestants le 9 mai 1971, 6 000 le 6 novembre 1971 et 20 000 le 14 juillet 1972, ou la manifestation à bicyclette, contre l'automobile, organisée par *les Amis de la Terre* et qui rassemble 10 000 personnes à Paris, en mai 1972.

A cette époque, le mouvement écologiste ne possède pas encore de structures propres (à l'exception des *Amis de la Terre*, naissants). Aussi, la presse militante et spécialisée va-t-elle jouer un rôle important, servant de substitut d'organisation à un mouvement sous-structuré. Ainsi, les créations de l'AEJPNE en 1969, du *Courrier de la baleine*[1] en 1971, de *La Gueule ouverte* en 1972, du *Sauvage* en 1973, de *Combat-nature* en 1974 et de l'*Agence de presse réhabilitation écologique* (APRE) en 1972 puis, de *Ecologie* en 1975, peuvent-elles s'analyser autant comme la création d'organes de presse alternative possédant chacun sa sensibilité propre que comme l'édification de véritables pôles militants et de substituts d'organisation du mouvement.

Dès mars 1973, la mouvance pénètre en terrain électoral avec deux candidats à Mulhouse et dans l'Ain. Mais, c'est surtout à partir d'avril 1974, avec les 337 800 voix de René Dumont aux élections présidentielles, que les écologistes font irruption dans l'arène politique. Suite à cette candidature, s'enclenche alors une dynamique avec les Assises de Montargis en juin 1974 qui, malgré

----

1. Qui devient ensuite *La Baleine*.

de profondes divisions, créent la première organisation nationale écologiste : le *Mouvement écologique* ; la structuration de l'écologisme français débute.

II. – Une structuration
et une unification difficiles,
qui restent inachevées

Les questions qui dominent l'écologisme français durant les années soixante-dix et quatre-vingt sont, sans conteste, celles de sa structuration et de son unification. Au cours de cette vingtaine d'années, elles se posent sans cesse, de manière lancinante, semblant toujours, à la fois proches d'une solution, jamais résolues et à chaque instant remises en cause. L'importance que revêtent ces deux points dans la genèse des *Verts cp* [2] justifie qu'on les expose davantage.

On ne peut comprendre la difficulté, presque structurelle, des écologistes à s'organiser si l'on ne rappelle pas leur défiance absolue envers le concept de parti. Les partis politiques sont jugés dépassés car ne correspondant plus aux clivages actuels, contraignants et totalitaires car étouffant l'individu, antidémocratiques car centralisés, hiérarchisés, développant des intérêts propres et fondés sur la représentation, dévoyés car uniquement préoccupés par la prise du pouvoir au détriment d'autres fonctions sociales d'animation, de débat, d'association, de fête... Toute l'histoire du courant écologiste, jusqu'à aujourd'hui encore, apparaît dominée par une question essentielle, une quête incessante, et rythmée par les réponses successives qui y sont apportées : Comment faire de la politique autrement ? Comment intervenir dans le champ politique sans adopter les formes d'organisation des partis classi-

2. Couramment appelée *Les Verts* la structure actuelle des écologistes se dénomme *Les Verts, Confédération écologiste – Parti écologiste*. Pour ne pas la confondre avec l'organisation *Les Verts* qui existe entre novembre 1983 et janvier 1984 on l'appellera, ici, *Les Verts cp*.

ques ? Comment concilier l'efficacité (qui suppose théoriquement un parti centralisé, hiérarchisé, discipliné, tendu vers le pouvoir et les élections...) et le refus de la forme d'organisation consacrée par la compétition politique en régime démocratique : la forme partisane et, plus précisément, le parti de pouvoir ?

Par rapport à ce dilemme profond, à cette question fondamentale se produit, du début des années soixante-dix à nos jours, une évolution progressive, nette mais cahotante, et qui reste inachevée, vers le parti de pouvoir. On peut, dans cette évolution, distinguer trois étapes : 1 / le refus non seulement du parti mais de toute organisation permanente et nationale (1974-1979/80) ; 2 / l'acceptation (contestée) du principe d'une structuration permanente du mouvement mais pas en parti (1979-1982) ; 3 / l'acceptation (contestée) de la formation d'un parti, mais le refus d'un parti de pouvoir (1982-?).

1. **Le refus de toute organisation permanente et nationale (1974-1979/80).** – Dans un premier temps, ce n'est pas seulement la transformation en parti qui se trouve rejetée, mais aussi toute organisation durable et nationale du mouvement. Dans les faits, le refus de la structuration du mouvement, à cette époque, se traduit notamment par deux traits essentiels : le rejet des caractères permanent et national de l'organisation, caractéristiques pourtant fondamentales d'un parti de pouvoir.

Ainsi, dans les années soixante-dix et au début des années quatre-vingts, les rares interventions nationales des écologistes s'effectuent *via* des rassemblements montés pour la circonstance. C'est notamment le cas en période électorale. Le *Comité de soutien à René Dumont*, en 1974, le *Collectif écologie 78*, en 1977-1978, la *Coordination interrégionale des mouvements écologiques* (CIME), en 1978-1979, *Europe-écologie* en 1979, *Aujourd'hui l'écologie*, en 1981, apparaissent comme des structures éphémères dont le seul but est de préparer l'échéance électorale et qui, le plus souvent, s'auto-dissolvent au lendemain du scrutin. Parfois, l'une des premières mesures prises par ces regroupements électoraux lors de leur création est de prévoir la date de leur dissolution. Cela revient à donner à la mort de l'organisation la priorité sur sa naissance, témoignage de la défiance envers les structures de pouvoir[3]. De plus, le caractère national de ces groupes ne semble pas toujours très affirmé, dans la mesure où ils ne sont parfois que de simples coordinations et non des structures d'investitures rigides (cas du *Collectif écologie 78*, par exemple). Lors des élections locales, les structures éphémères ne sont même plus nationales. Au contraire, se créent des groupes locaux idoines et tout aussi éphémères comme *Paris-écologie* pour les élections municipales, à Paris, en 1977.

Par ailleurs, les rares associations nationales permanentes existantes n'apparaissent ni très nationales, ni très permanentes, le caractère national et permanent de l'action politique étant précisément rejeté. Ainsi, le *Mouvement écologique*, créé en 1974 dans la foulée de la campagne de René Dumont et très vite moribond, se révèle une structure très lâche. Il s'agit essentiellement d'une coordination de groupes locaux et d'associations locales[4] qui restent entièrement libres de leur organisation ou de leurs actions, sous réserve que celles-ci soient en accord avec les objectifs du *Mouvement* et qu'elles en informent un *Collectif national*, désigné à 75 % par les groupes locaux, chargé de la coordination des actions ainsi que de recevoir et répercuter l'information et les initiatives des groupes.[5]

Le *Réseau des Amis de la Terre*, (RAT) qui existe entre 1977 et 1983, présente des caractéristiques analo-

3. Jean-Luc Parodi, « Essai de problématique du mouvement écologiste », *Revue politique et parlementaire*, 878, janvier-février 1979, p. 15-43 (27).

4. Les deux plus importantes sont *Ecologie et survie*, en Alsace et le *Mouvement écologique Rhône-Alpes* (MERA).

5. Mouvement écologique, « Organisation du Mouvement écologique », s.l., s.n., s.d., 4 p.

gues. Son but est de coordonner les différents groupes, pas toujours officiellement déclarés, « *Les Amis de la Terre de...* » qui se sont créés dans les années soixante-dix, après la fondation en 1970, de l'association nationale *Les Amis de la Terre*. Mais chaque groupe est autonome et « libre de ses orientations et de ses structures pourvu qu'elles soient compatibles avec les textes de base du réseau. » Autant dire que le RAT ne coordonne presque rien. Un règlement intérieur très court, improprement appelé « statuts », n'est pas rédigé sous forme d'articles[6]. Il n'existe pas véritablement d'organe dirigeant. Seules sont prévues une réunion trimestrielle des représentants régionaux et une *Agence de services,* organe purement technique. La double appartenance politique ne semble pas interdite. Les buts du RAT, tels que définis dans ses statuts, sont essentiellement associatifs et la structure ne présente aucun candidat aux élections sous son étiquette. Enfin, le RAT n'a pas d'existence légale. De même, créé en mai 1977 par des animateurs d'associations de défense de la nature, d'usagers des transports, de piétons, de cyclistes, de handicapés et de pêcheurs et présidé par Jean-Claude Delarue, *sos Environnement* ne devient jamais un mouvement ni réellement politique, ni réellement indépendant.

Ainsi, dans les années soixante-dix, le mouvement écologiste se caractérise, en ce qui concerne l'organisation, par l'absence de véritables structures politiques, nationales et permanentes.

2. L'acceptation (contestée) du principe d'une organisation politique du mouvement écologiste n'empêche pas le refus persistant du parti (1979/80-1982).

A) *L'acceptation et l'adoption de structures durables. – L'accord sur la nécessité d'un outil politique.*

6. Réseau des Amis de la Terre, *Statuts du Réseau des Amis de la Terre,* s.l., s.n., s.d.

16

Dès la fin juin 1979, certains candidats de la liste *Europe-écologie*, encouragés par leur relatif succès[7], envisagent la création d'une structure permanente. La forme de celle-ci est l'objet de discussions : fédération ou parti ? La seconde hypothèses reste très critiquée, notamment par les militants de *sos Environnement* et leur chef de file Jean-Claude Delarue, également candidat sur la liste *Europe-écologie*.

a) La création contestée du M.E.P. – Les animateurs d'*Europe-écologie* organisent les 24 et 25 novembre 1979, à Dijon, des assises au terme desquelles ils annoncent la création d'un *Mouvement d'écologie politique* (MEP).

Ainsi le processus de constitution d'une structure nationale permanente par les écologistes semble-t-il enclenché. Il faut toutefois remarquer que la décision prise à Dijon n'est pas majoritaire. En effet, la « Motion Isabelle »[8], qui propose de différer de quatre mois la création d'un mouvement, obtient une majorité relative (55 voix contre 45, sur 129 votants). A la suite de ce vote, les animateurs d'*Europe-écologie* quittent la salle des débats pour constituer, de leur côté, le bureau provisoire du futur MEP, sans soumettre au vote la motion dans laquelle ils annonçaient la création de ce mouvement, de peur d'être minoritaires. Si le principe de création d'une structure nationale durable est acquis à Dijon, en novembre 1979, il faut donc souligner qu'il ne s'agit pas là d'une décision majoritaire et qu'elle apparaît même à certains comme une scission. En tout état de cause, *Les Amis de la Terre*, en tant que tels, et les « diversitaires »[9], restent en dehors de la nouvelle structure qui n'est donc pas unique. La vocation nationale de la nouvelle organisation, si elle est acquise, semble

---

7. Obtenant 4,4 % des suffrages exprimés, la liste manque de peu la barre des 5 % qui lui aurait donné 4 élus.

8. Du prénom de son auteur : Isabelle Cabut.

9. Ainsi sont alors dénommés ceux qui n'appartiennent ni au MEP ni au RAT.

toutefois mal acceptée par certains fondateurs qui démissionnent du bureau provisoire à peine élus, « par souci régionaliste »[10].

La nouvelle organisation, juridiquement créée les 16 et 17 juin 1980 lors de l'adoption, à Versailles, de ses statuts, préparés par le bureau provisoire, s'intitule mouvement et non parti. Pourtant, le risque d'une évolution partisane est immédiatement dénoncé par certains et par *Les Amis de la Terre* dans leur ensemble qui réaffirment leur opposition à la création d'un parti.

b) La Confédération écologiste. – En décembre de la même année, la création d'une nouvelle structure, dans la foulée d'*Aujourd'hui l'écologie* et à l'initiative de certains responsables du RAT, et de la *Fédération écologiste du midi* (FEM) semble même en retrait sur le MEP. En effet, non seulement la *Confédération écologiste* dont le but avoué est de faire l'unité par la base et les régions n'a rien d'un parti mais, de plus, elle ne se considère pas comme une organisation strictement politique. Ainsi, les statuts de la *Confédération* sont très courts et peu détaillés[11]. L'Assemblée générale et l'organe parlementaire se confondent et la taille de ce dernier n'est pas fixée[12]. Aucun organe exécutif n'est prévu. Le nouvel organisme n'est qu'une confédération nationale de fédérations ou coordinations régionales dont chacune est autonome et libre de son organisation. Seules les personnes morales peuvent adhérer et rien ne semble empêcher les personnes physiques adhérentes à celles-ci d'être membres d'un parti politique.

Structure nationale certes, mais donnant la primauté aux régions et aux groupes de base, sans équipe dirigeante bien définie, autorisant implicitement la double appartenance politique et rejetant le caractère purement politique, la *Confédération écologiste* ne peut pas, véri-

10. C'est le cas de Didier Anger.
11. Confédération écologiste, *Statuts*, s.l., s.n., s.d.
12. *Ibid.*, art. 6.

tablement, être considérée comme un parti politique. En 1982, soit plus de huit ans après leurs débuts électoraux, les écologistes, persistent donc à vouloir intervenir dans le champ politique sans se doter de la forme d'organisation consacrée pour cette intervention : la forme partisane.

B) *Vers un parti ?* Le 1er novembre 1981, l'assemblée générale du MEP vote une motion appelant les écologistes à un regroupement pour la formation d'un « Parti écologiste »[13] :

La volonté de création d'un parti est confirmée le 1er août 1982 et annoncée pour le 1er novembre suivant, par le Conseil national du MEP, réuni à Uzerche, qui adopte les grandes options de son manifeste. Toutefois, la motion du 1er novembre 1981 prévoit la création du parti écologiste pour mars 1982 au plus tard. Or, à cette date, la transformation n'est toujours pas effectuée. Par ailleurs, il faut rappeler que le MEP, créé à Dijon dans les conditions que l'on sait, est loin de rassembler l'ensemble du mouvement écologiste. Et, le 1er novembre 1981, ce n'est qu'une partie de cette fraction du mouvement écologiste qui vote le principe de la transformation en parti. Dans les autres courants de la mouvance écologiste, si la nécessité de structures durables et d'un organisme politique est de plus en plus admise, la transformation en parti est toujours refusée. Ainsi, en septembre 1982, la *Confédération écologiste* renouvelle-t-elle son souhait d'une organisation unique des écologistes mais refuse que celle-ci s'intitule parti.

En octobre 1982, plusieurs centaines de militants issus de la *Confédération*, du MEP et, du RAT rédigent et signent un appel pour l'unité du mouvement, réclamant

13. « Le MEP estime donc que le moment est venu [...] de doter les écologistes de l'outil politique plus percutant dont ils ont besoin, afin d'offrir au plus grand nombre la seule véritable alternative à la politique actuelle et la possibilité d'y œuvrer. A cette triple fin, le MEP décide de se constituer en « Parti écologiste ». »

une structure solide et unitaire mais exigeant du MEP qu'il renonce à sa transformation en parti. Pour *Les Amis de la Terre* dans leur ensemble, l'acceptation d'une organisation politique et unique est de plus en plus nette, mais le refus d'une structure partisane demeure. Ainsi, le rapport d'activité du secrétariat pour 1982 affirme :

« Disons-le nettement : les aspirations et les luttes écologistes ont besoin d'un débouché politique, c'est-à-dire en termes simples d'une association de personnes à vocation et capacité de gouverner la France dans une perspective accordée à nos projets [...].

Le secrétariat des Amis de la Terre estime donc que la création d'un organe écologiste purement politique est sans doute inéluctable. »

mais dénonce :

« [...] la volonté du MEP de se muer en parti. »[14]

De même, en novembre et décembre 1982, *Les Amis de la Terre,* confirment leur souhait d'un organe politique d'action électorale commun aux écologistes mais refusent que celui-ci se dénomme parti ; refus renouvelé fin décembre 1982, malgré un accord avec *Les Verts-parti écologiste* sur les éventuelles structures de cet organe. Ce refus est l'une des conditions posées par *Les Amis de la Terre* à leur participation à la formation d'un organe politique commun par les écologistes et l'une des raisons qu'ils avancent pour ne pas se joindre, finalement, en tant que structure, au processus d'unification en cours entre 1981 et 1984. En fait, d'autres raisons[15] invoquées ou non, peuvent aussi expliquer cette attitude du RAT et son revirement en faveur d'une sépara-

---

14. Amis de la Terre (secrétariat), « Rapport d'activité du secrétariat », novembre 1982.

15. Parmi celles-ci, on peut citer outre la « crainte du totalitarisme d'une organisation unique », la nécessité de gérer les élus, l'éventualité de perdre les subventions accordées à une structure associative et le sentiment qu'éprouve l'équipe dirigeante du RAT de moins contrôler, à partir de début 1982, la *Confédération écologiste*. Elle a peut-être cru pouvoir la maîtriser, fin 1981, alors que celle-ci apparaissait comme une prolongation du rapprochement provisoire entre différentes tendances écologistes au sein de *Aujourd'hui l'écologie*.

tion organisationnelle entre les aspects politique et associatif du mouvement écologiste, et leur décision, dans ce cadre, de se consacrer à leur vocation associative.

C'est à la suite de ce « recentrage associatif »[16], dans ce but et dans cette optique que s'opère la réorganisation des *Amis de la Terre*, à l'Assemblée générale des 11 et 12 juin 1983. Le RAT est dissout. Les nouveaux statuts des *Amis de la Terre* créent un Conseil élu par l'assemblée générale et qui fait office d'organe parlementaire. Un Secrétariat dont les membres ont tous pouvoirs pour agir est élu par l'Assemblée générale et non par le Conseil qui ne peut le révoquer et se borne à lui donner des directives sur toutes les questions intéressant la vie de l'association[17].

Les nouveaux statuts des *Amis de la Terre* sont assez proches de ceux de structures partisanes classiques qui se veulent efficaces et prévoient une direction quasi-omnipotente[18] rendant compte à une Assemblée générale. Pour la première fois, une organisation écologiste donne un mandat clair à une équipe exécutive, certes contrôlée par un organe parlementaire, mais toute-puissante et libre de ses mouvements entre deux assemblées générales et dans le cadre des directives de celles-ci. Dans cette optique, ces structures sont aussi les plus efficaces (en théorie) dont se soit jamais dotée une organisation écologiste. Mais cette organisation n'a plus de but de pouvoir[19] et ne peut, en aucun cas, engager

16. L'expression est employée par *Les Amis de la Terre* eux-mêmes. Elle n'est pas sans rappeler le « recentrage » entrepris par la CFDT entre 1978 et 1988. Mais il faut remarquer que, dans un cas, le recentrage suit une défaite de la gauche alors que, dans l'autre, il est consécutif à une victoire de la gauche.
17. Amis de la Terre, *Statuts de l'association « Les Amis de la Terre »* (*après les modifications décidées le 11/06/83*), s.l., s.n., 3 p ; juin 1983, art. 5, 6, 8.
18. Mais l'article 11 prévoit la possibilité d'un référendum à la demande de 10 % des membres de l'association.
19. Officiellement tout au moins. En fait, on ne peut s'empêcher de relier cette efficacité, cette structure de pouvoir au sein des *Amis de la Terre*, avec le fait que cette organisation soit la seule à parvenir à placer

sa responsabilité dans une action électorale, ceci expliquant peut-être cela.

3. L'acceptation ambiguë du parti.

A) *Les Verts-parti écologiste*. – A partir de 1982, on constate une évolution dans le discours et les pratiques. Le principe du parti, quoique toujours contesté, semble progressivement s'imposer. Mais le refus persistant du parti de pouvoir entraîne le dessein d'un parti utopique.

Le 1er novembre 1982, à l'Assemblée générale de Saint-Prix, avec la transformation du MEP en *Les Verts-parti écologiste*, le premier vrai parti écologiste est créé en France. Outre le fait que, pour la première fois, le mot parti figure dans le titre de l'organisation, les structures de celle-ci sont aussi beaucoup plus précises et rigides que celles du MEP et de la *Confédération*. Il y a là un vrai tournant dans la structuration du mouvement écologiste, puisque on assiste à la création d'un parti écologiste destiné à agir comme une force concurrente des grandes formations et non comme un groupe de pressions sur elles. Les structures de la nouvelle organisation sont beaucoup plus précises et rigides que celles de l'ancien MEP et de la *Confédération écologiste*. Surtout, la transformation du MEP en VPE voit triompher le point de vue de ceux qui ne font pas de l'unification du mouvement écologiste et de la conciliation de ses buts associatifs et politiques un préalable à la création d'un parti. Pour eux, il s'agit de construire avant tout un « parti-guide », qui soit le meilleur outil possible pour participer au combat politique.

Toutefois, cette conception est critiquée par une partie de l'ancienne équipe dirigeante du MEP. En outre, le mot parti, s'il fait pour la première fois son apparition dans l'appellation d'un mouvement écologiste, n'y fi-

l'un de ses dirigeants à un poste public. Ce qui est un des éléments de définition du parti politique selon certains auteurs : voir, par exemple, Giovani Sartori, *Parties and Party Systems, a framework for analysis*, Cambridge, Cambridge University Press, 1976, p. 64.

gure que dans son sous-titre, sous la forme d'un appendice – jamais mentionné dans les statuts[20] – au nom principal. La simple présence de cet appendice est pourtant vivement dénoncée par ceux qui, précisément, désignent la nouvelle organisation par l'expression péjorative : « le Parti ».

Surtout, le nouveau mouvement ne fait pas figure de parti de pouvoir. Ainsi, c'est l'organe parlementaire qui bénéficie des délégations de pouvoir sur mandat et non l'organe exécutif. Les organisations régionales, très autonomes, élisent les trois quarts du Conseil national. Il n'existe pas de postes de président ou de secrétaire général mais quatre porte-parole, placés sur un pied d'égalité. Toute décision, prise de parole ou intervention nécessite l'accord de trois d'entre eux. La décision de participer aux élections municipales, cantonales, régionales n'est pas prise à l'échelon national, mais par le « niveau d'organisation concerné »[21]. Une structure fondée sur de telles bases apparaît comme l'antithèse des schémas de fonctionnement des partis traditionnels.

B) *Les Verts.* – La *Confédération écologiste,* devenue *Les Verts-confédération écologiste* en novembre 1982, décide au Congrès national de Besançon (21-23 mai 1983) la création d'une nouvelle organisation dénommée : *Les Verts.*

Par rapport à la *Confédération,* l'évolution est importante. Les statuts sont plus longs[22] et plus détaillés, les structures mieux précisées. Notamment, les pouvoirs et la taille des organes dirigeants exécutifs et parlementaires sont explicitement prévus[23]. La double apparte-

20. Ceux-ci n'emploient que le mot association : Les Verts-parti écologiste, *Statuts,* s.l., s.n., s.d., (art. 1, 5, ...) ou mouvement (art. 7 ...). En revanche, l'agrément intérieur des VPE emploie le mot parti. Les Verts-parti écologiste, *Agrément intérieur,* s.l., s.n., s.d., art. 11 et 12.
21. Les Verts-parti écologiste, *Agrément intérieur, op. cit.,* art. 13.
22. Les Verts, *Statuts,* s.l., s.n., s.d., 2 p. 22 articles contre 12 pour la *Confédération écologiste.*
23. *Ibid.,* art. 13, 14, 16, 18, 19, 20, 21. On a vu que ce n'est pas le cas pour la *Confédération.*

Tableau 2. – Genèse des Verts cp

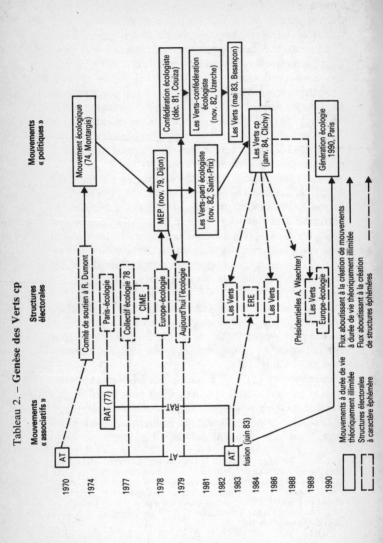

24

nance politique est interdite[24]. Les régions ne désignent plus que 75 % de l'organe parlementaire, contre 100 % pour la *Confédération*[25].

Néanmoins, comparée aux *Verts-parti écologiste*, l'organisation partisane est moins poussée et l'évolution vers un parti de pouvoir semble freinée. Le nouveau mouvement souhaite conserver une activité de type associatif[26], le mot parti ne figure nulle part et le principe de la non double appartenance politique se heurte, lors de son adoption, à une opposition interne. Pourtant et malgré cela, la nouvelle structure, son organisation, ses statuts, ses procédés sont jugés trop partisans par certains.

C) *Les Verts, confédération écologiste-parti écologiste.* – *Les Verts, confédération écologiste-parti écologiste*, est, comme son nom l'indique, la structure au sein de laquelle se rassemblent, en janvier 1984, au Congrès de Clichy, les Vpe et *Les Verts*.

En dix ans, la création de six organisations nationales à durée de vie théoriquement illimitée (ME, RAT, MEP, CE, VPE, V, VCP) et d'au moins cinq organisations électorales à durée de vie limitée (*Comité de soutien à René Dumont*, C.E.78, CIME, *Europe-écologie, Aujourd'hui l'écologie*), est nécessaire pour aboutir à une unification qui n'est cependant pas totale puisque, outre des individus, la plus ancienne de ces organisations – *Les Amis de la Terre* – ne s'y intègre pas. En outre, cet émiettement organisationnel ne permet pas, jusqu'en 1984, de capitaliser les bénéfices des actions militantes et notamment des campagnes électorales et des résultats électoraux. A partir de 1990, la création d'un nouveau « mouvement » politique, *Génération écologie*, qui cherche a capter une partie de l'électorat des *Verts cp*, ouvre une nouvelle phase de division organisationnelle des écologistes.

24. *Ibid.*, art. 6. On a vu que ce n'est pas le cas pour la *Confédération écologiste.*
25. *Ibid.*, art. 13.
26. *Ibid.*, art. 2.

Chapitre II

LES VERTS CP :
ORGANISATION, FONCTIONNEMENT,
NATURE, STRATÉGIE

I. – Aperçu

Les structures des VCP sont très proches de celles des *Verts* et des VPE. Le mot parti figure dans le sous-titre mais n'est pas utilisé dans la dénomination courante du mouvement qui se résume à *Les Verts*, et ne figure ni dans les statuts ni dans l'agrément intérieur, contrairement au cas des VPE. Par rapport à ceux-ci, on observe un recul dans l'organisation partisane.

Si la nature partisane du mouvement n'est pas en doute, *Les Verts cp* possèdent, cependant, certaines caractéristiques qui les éloignent du parti de pouvoir. Ainsi, la double nature – associative et politique – du nouveau mouvement est affirmée. C'est l'organe parlementaire, le Conseil national interrégional, qui bénéficie des délégations de pouvoir sur mandat, et non l'organe exécutif, le Collège exécutif. Les groupes locaux et organisations régionales disposent de la plus grande autonomie. Ces dernières élisent 75 % de l'organe parlementaire[1]. Il n'existe pas de président, ni de secrétaire général mais quatre porte-parole placés sur un pied d'égalité. Toute décision, prise de parole, ou intervention ne peut se faire qu'avec l'accord de la majorité de cette équipe. Pour la participation aux élec-

---

1. Les Verts, Confédération écologiste-Parti écologiste, *Statuts,* s.l., s.n., s.d., 2 p., art. 13.

tions autres que législatives, présidentielles ou européennes « la décision revient au niveau d'organisation
concerné »[2]. Un référendum d'initiative militante peut
être décidé par 10 % des adhérents. Ses résultats sont
décisionnels.

II. – *Les Verts cp* sont-ils un parti ?

Il existe un nombre considérable de définitions des
partis politiques[3]. Sans prétendre trancher[4] on retiendra
ici l'une des plus courantes.

La définition classique de La Palombra et Weiner
nécessite la réunion de quatre caractéristiques pour que
l'on puisse parler de parti :

1) Une organisation durable, c'est-à-dire dont l'espé-
rance de vie politique soit supérieure à celle de ses
dirigeants en place.

2) Une organisation complète, jusqu'aux échelons
locaux.

3) La volonté délibérée des dirigeants nationaux et
locaux de prendre et d'exercer le pouvoir (seuls ou avec
d'autres) et non pas, simplement, d'influencer le pouvoir.

4) Le souci de rechercher un soutien populaire, notamment par les élections, mais aussi de toute autre façon[5].

Ces critères permettent, respectivement, de distinguer
le parti des clientèles, factions et cliques, des simples
groupes parlementaires et, enfin, des groupes de pression et des clubs.

---

2. Les Verts, confédération écologiste-parti écologiste, *Agrément intérieur*, s.n., s.l., s.d., 2 p., art. 13.
3. Pour une définition plus extensive, voir, par exemple, Max Weber,
Economie et société, Paris, Plon, 1971, p. 294, (1ʳᵉ ed. : 1921).
4. Pour une discussion synthétique et récente sur les définitions des
partis politiques, voir, Michel Offerlé, *Les Partis politiques*, Paris, PUF,
1987, notamment chap. 2.
5. Joseph La Palombra, Myron Weiner, « The Origin and Developpment of Political Parties », *in* Joseph La Palombra, Myron Weiner (eds.),
Political Parties and Political Developpment, Princeton, Princeton University Press, 1966, p. 6.

Toutefois, le but de conquête et d'exercice du pouvoir suppose des caractéristiques plus précises qu'il faut rappeler : une organisation efficace, hiérarchisée, centralisée, disciplinée, structurée en machine de combat, comportant un certain degré de despotisme qui en bannit la démocratie interne[6] ; une vocation majoritaire, ce qui suppose la capacité d'attirer un électorat nombreux autant que diversifié[7] et l'aptitude à nouer des alliances[8] ; la subordination des mouvements de masse au parti qui doit les contrôler ; la possibilité de dégager une équipe de dirigeants professionnels, vivant pour et de la politique[9], de stature gouvernementale, de placer ceux-ci à des postes publics[10] et de définir puis d'appliquer un programme concret de gouvernement.

1. L'organisation, le fonctionnement et la stratégie des *Verts cp* ne répondent pas aux critères de définition du parti classique.

A) *Le refus de la différenciation partisane et politique.* – Avec l'émergence de l'Etat moderne et la division croissante du travail, apparaît un pouvoir politique différencié[11] qui donne naissance à un « champ politique » spécifique et relativement autonomisé par rapport au reste des activités sociales. Ce champ s'impose aux acteurs politiques qui doivent donc s'en accommoder, ou, mieux, l'utiliser.

Or, les écologistes, depuis leur apparition en politi-

---

6. Roberto Michels, *Les Partis politiques*, Paris, Flammarion, 1914, notamment, p. 23-25, 63-64, 243-246.

7. Et donc d'être des partis « attrappe-tout » selon l'expression forgée par Otto Kircheimer, « The Transformation of the Western European Party Systems », *in* J. Lapalombra, M. Weiner (eds.), *op. cit.*, p. 177-200.

8. Club Jean Moulin, *Un Parti pour la gauche*, Paris, Seuil, 1965.

9. Max Weber, *Le Savant et le politique*, Paris, Plon 1959, (1re ed. : 1919).

10. G. Sartori, *op. cit.*, p. 64.

11. M. Weber, *Le Savant et le politique, op. cit.* ; *Economie et société, op. cit.*, p. 223 et suivantes.

que, rejettent la différenciation et la professionnalisation du champ politique, des activités partisanes et politiques par rapport à celles de la société civile et au reste des activités sociales. Pour eux, il convient de vivre, dès maintenant, dans la vie quotidienne, d'une manière conforme à ce qui doit devenir la vie sociale, et non d'attendre pour cela un changement de société. Le mouvement écologiste prétend justement réconcilier ces deux aspects. On doit pouvoir, à la fois, faire de la politique et changer sa vie, préparer la transformation du monde et expérimenter de nouveaux modes de vie. Les différents organismes créés par les écologistes et notamment *Les Verts cp* prévoient donc, jusque dans leurs statuts, la juxtaposition d'une activité politique et d'une activité associative expérimentale, conviviale, voire communautaire. Cette pluri-activité est même, lors de la création des *Verts cp*, en janvier 1984, l'une des conditions essentielles de création de cette organisation partisane, l'un des principes fondamentaux sur lesquels elle doit se structurer ainsi que l'une des causes et des conditions d'engagement en son sein de certains militants ou dirigeants. La constitution d'un parti écologiste n'est accepté par ceux-ci, que dans le cas où elle respecte et conserve cette double activité.

Que le mouvement écologiste propose cette double ou triple activité à ses adhérents et à ses militants, et que cela représente un de ses attraits, est une chose. Mais, que cette double ou triple activité soit menée au sein de la même structure et puisse être accomplie par la même organisation, conduit à la mise en place d'organismes qui, même s'ils finissent par s'appeler parti, ont peu à voir avec le parti de pouvoir traditionnel. On aboutit, en fait, non pas à un refus du parti, mais au désir du parti nouveau, déjà éprouvé par d'autres forces (notamment certains socialistes de la fin du xixᵉ ou du début du xxᵉ siècle). Il s'agit d'un parti qui, loin d'être fermé sur sa propre logique partisane de conquête du pouvoir, se veut animateur d'activités associatives, ouvert sur la société civile, attentif et répondant à toutes les sollicitations de celle-ci, expérimentateur de nouvelles manières de vivre, même si cela se révèle incompatible avec une logique de pouvoir, de prise du pouvoir. Il s'agit tout à la fois de « changer la vie », tâche typique des mouvements sociaux, d'être la « caisse de résonance » de ceux-ci, de « transformer le monde », de défendre la société civile, mais aussi de participer à la société politique, c'est-à-dire de présenter des candidats aux élections, de revendiquer un rôle dans un champ politique professionnalisé et différencié, et d'y combattre d'autres acteurs, également professionnalisés et tout entiers voués à cette seule tâche de conquête du pouvoir.

A l'évidence, ces diverses fonctions, loin d'être congruentes peuvent se révéler conflictuelles, nécessitent des structurations distinctes et obéissent à des logiques de rétribution différentes. Le désir de « changer sa vie », d'expérimenter de nouveaux modes de vie, qui repose sur une quête de convivialité et de rapports humains autres et s'apparente à certaines tentatives communautaires[12], suppose la mise en place d'organisations conviviales, peu contraignantes, extrêmement démocratiques, et répond à des logiques de rétribution immatérielles en termes d'affectivité, de contacts humains, de sociabilité. Toutes choses à l'opposé du parti de pouvoir, lequel doit viser le pouvoir, dont l'organisation doit être très hiérarchisée, centralisée, autoritaire, disciplinée, professionnalisée, et au sein duquel le militantisme est principalement rétribué en termes de pouvoir (postes ...) ou d'avantages matériels[13] qui, souvent, découlent du pouvoir.

12. Voir Bernard Lacroix, *L'Utopie communautaire*, Paris, PUF, 1981 ; Bertrand Hervieu, Danièle Léger, *Des Communautés pour les temps difficiles : néo-ruraux ou nouveaux moines*, Paris, Le Centurion, 1982.
13. On sait que, même dans un parti de pouvoir, les rétributions immatérielles (contacts humains, sociabilité, sentiment d'être un « artisan de l'histoire » jouent un rôle non négligeable. La rétribution matérielle et la rétribution immatérielle du militantisme sont rarement totalement exclusives l'une de l'autre dans une organisation. Néanmoins, l'importan-

B) *L'absence d'une stratégie de pouvoir claire : le cas des élections.* – Même si, depuis quelques années, les écologistes ont considérablement évolué par rapport à la question du pouvoir, plusieurs exemples dénotent la persistance d'une attitude ambiguë à son égard et montrent que le comportement stratégique reste loin d'être entièrement subordonné à un éventuel but d'accès au pouvoir.

a) L'utilisation des élections comme moyen de pression plutôt que comme moyen d'accéder au pouvoir. – Le rejet de l'élection, du système électoral, de la perspective d'être élus, longtemps prédominants, sont désormais dépassés chez *Les Verts cp.* Toutefois, si les écologistes se présentent désormais aux élections, le plus souvent pour se faire élire, ils continuent à considérer les scrutins et les campagnes électorales comme des moyens privilégiés d'information et de tribune, et comme des occasions propices à l'obtention de réformes ou de mesures partielles, comportement de pression davantage que de pouvoir.

Fin 1987-début 1988, durant la période précédant les

ce, la part des différents types de rétribution et donc leur hiérarchie, varient selon les ressources de l'organisation. Celles d'un parti de pouvoir qui a vocation, prétention et capacité à occuper le pouvoir ne sont pas les mêmes que celles d'un groupement convivial d'expérimentation de nouveaux modes de vie. M. Weber avait déjà montré le primat des rétributions matérielles pour faire fonctionner un parti de pouvoir (M. Weber, *Le Savant et le politique, op. cit.*). Sur la rétribution du militantisme, voir notamment, *Ibid.* ; Mancur Olson, *Logique de l'action collective,* Paris, PUF (trad. de *The Logic of collective action,* Cambridge Mass. Harvard University Press, 1965), Daniel Gaxie, « Economie des partis et rétribution du militantisme », *Revue française de science politique,* vol. 27, 1, février 1977, p. 123-154. Parmi les critiques des excès des analyses en termes de rétribution et de la perspective utilitariste sur laquelle elles sont fondées, voir notamment, Brian M. Barry, *Sociologists, Economists and Democracy,* London, Macmillan limited, 1970, notamment p. 23-46 ; Albert O. Hirschmann, *Bonheur privé, action publique,* Paris, Fayard, 1983, (trad. de *Shifting Involvements,* Oxford, M. Robertson, 1982, notamment chap. 5 ; Alexandro Pizzono, « Sur la rationalité du choix démocratique », *in* Pierre Birnbaum, Jean Leca (sous la direction de), *Sur l'Individualisme,* Paris, Presses de la Fondation nationale des sciences politiques, 1985, p. 330-369.

élections présidentielles, par exemple, Antoine Waechter semble autant, si ce n'est plus, mener la campagne d'un représentant de groupe de pression, d'un défenseur de causes locales, que celle du candidat d'un parti aux élections présidentielles[14]. Le candidat écologiste vient plus apporter le soutien du capital de notoriété et de médiatisation dont il est détenteur, en tant que candidat des *Verts cp*, à la défense d'une cause locale que tenter de convaincre les électeurs de cette région de voter pour lui. Il s'agit de profiter de la campagne présidentielle, du relatif prestige, des notabilisation et médiatisation qu'elle confère à chacun de ses candidats, d'utiliser les facilités de contact avec les notables, les média, que procure cette situation, pour obtenir un appui dans certains combats locaux, pour faire pression, par une intervention, un déplacement du candidat des *Verts cp*. Début 1989 encore, durant la campagne pour les municipales, la stratégie semble bien souvent la même.

b) Le refus des alliances. – Un nouvel entrant sur le marché politique n'a, en théorie, le choix qu'entre deux stratégies : soit l'isolement, et l'affirmation répétée de sa différence, soit la recherche d'alliances ou de compromis avec les partis installés. Cette dernière stratégie est souvent nécessaire, ne serait-ce que momentanément, pour permettre à l'intrus affirmant un but de pouvoir, de progresser vers cette fin. L'alliance avec d'autres acteurs est alors tactique et ne suppose pas forcément le partage des mêmes valeurs ou du même

14. Les temps de parole réservés aux candidats dans le cadre de la campagne officielle à la radio et la télévision semblent moins utilisés, par A. Waechter et son équipe, pour développer un programme de parti de pouvoir, que pour faire prendre conscience à l'opinion des risques de dégradation de l'environnement (couche d'ozone, pluies acides, nucléaire...). Voir, par exemple, Antoine Waechter, « Campagne pour l'élection présidentielle », *France-Régions 3*, 20 avril 1988, 17 H 15. De ce point de vue, le but de provoquer une prise de conscience rapproche la campagne Waechter de la campagne Dumont. En 1988, l'accent semble spécialement placé, durant cette campagne audiovisuelle officielle, sur les thèmes d'environnement *stricto-sensu*.

33

programme ; ce qui exige pour les deux acteurs en question une nette séparation, en leur sein, entre la structure décidant de la tactique du parti et celle élaborant sa thématique.

Or, les écologistes ont, depuis toujours, choisi la première stratégie : l'isolement, l'affirmation répétée et continuelle d'une différence structurelle, fondamentale avec les autres forces politiques[15] insistant sur l'opposition « eux/nous », d'où découle le refus de toute stratégie d'alliance avec elles, présentée comme un compromis impossible et amoral.

Ainsi, sur le plan national, les organisations écologistes, qu'il s'agisse des regroupements électoraux éphémères ou des mouvements à durée de vie illimitée n'appellent jamais à voter au deuxième tour pour une autre force politique et rejettent toujours toutes propositions d'alliances, de circonscriptions, de sièges, de fusion de liste. C'est encore le cas, lors des élections législatives de juin 1988, pour lesquelles *Les Verts cp* refusent des offres de circonscriptions de la part du gouvernement et, lors des municipales de 1989, à quelques très rares exceptions près. Pourtant, étant donné leur relative faiblesse et le niveau de leurs ressources politiques, les écologistes, pour avoir des élus nationaux et obtenir des postes exécutifs, pour accéder au pouvoir, doivent nécessairement envisager de passer par des phases d'alliance. S'empêchant pour l'instant d'accéder au pouvoir, ils se donnent une stratégie électorale et politique qui peut les conduire à n'assumer qu'une simple fonction de témoignage, voire de pression, au mieux d'opposition.

Par ailleurs, ce rejet des alliances ou des accords, présentés comme de sordides compromis, témoigne de la persistance d'un moralisme, comme d'une association entre politique et morale et d'une absence de distance, de séparation dans le mouvement entre les producteurs

15. Le slogan « En vert et contre tous », utilisé en 1981, en est un bon symbole.

de l'idéologie, du programme, et l'appareil chargé de définir la stratégie ; toutes choses qui renvoient au refus de la primauté du but de pouvoir et à une réticence à accepter les moyens et l'organisation nécessaires pour atteindre ce but. La stratégie découle du projet défendu. Le mode d'intervention politique est strictement déterminé par les exigences programmatiques. Une stratégie de pouvoir nécessiterait la démarche inverse.

2. Une organisation davantage régie par une logique de démocratie interne que de pouvoir. – L'étude de leurs statuts et de leur fonctionnement montre que loin d'être un parti centralisé, hiérarchisé, doté de dirigeants omnipotents et structuré en fonction de l'efficacité, *Les Verts cp* apparaissent décentralisés à l'extrême, rejettent hiérarchie et dirigeants et répondent à une logique de démocratie interne.

A) *Une structure décentralisée.*
a) L'autonomie des organisations régionales et des groupes locaux. – Les organisations régionales des *Verts cp* peuvent fixer d'elles-mêmes leurs limites géographiques. L'agrément intérieur prévoit que chaque groupe local ou organisation régionale dispose de la plus grande autonomie et s'organise comme il l'entend. En cas de désaccord avec les décisions prises au niveau national, ils détiennent même le droit de s'abstenir de les mettre en œuvre (art. 14).
b) La représentation majoritaire des régions dans les organes de direction nationaux. – La dénomination de l'organe de direction parlementaire : Conseil national interrégional, montre bien, à elle seule, le poids des régions en son sein. La primauté des régions est conçue comme un des principes fondamentaux de fonctionnement des *Verts cp*. Ainsi, le préambule des statuts affiche, parmi les principes : « instances nationales avec représentation majoritaire des régions ». De fait, les membres du CNIR sont désignés pour un quart par l'As-

semblée générale et pour les trois quarts par des délégués, élus par les organisations régionales.

c) La faible régulation nationale des candidatures et des campagnes électorales. – Lors des élections, mêmes locales, la régulation des candidatures se fait sur le plan national. Il s'agit là d'un des privilèges et des attributs des appareils partisans. En France, c'est le cas, même pour les plus régionalisées des élections : les premières élections régionales au suffrage universel en mars 1986[16], et c'est également le cas pour les plus locales des élections : les municipales.

Or, les organisations écologistes nationales ne régulent jamais pleinement le processus de présentation des candidats, ni les campagnes électorales, qu'il s'agisse d'élections locales, ou même, nationales. Cette très faible régulation nationale des candidatures, en partie le fruit des divisions des écologistes, persiste pourtant après janvier 1984, c'est-à-dire après l'unification des VPE et des *Verts* dans les VCP. Ainsi, en 1986, les listes écologistes pour les régionales peuvent être qualifiées de périphériques, car constituées à partir d'instances locales et sans coordination nationale[17]. De même, en 1988, alors que *Les Verts cp* annoncent leur décision de ne pas présenter de candidats aux élections législatives, on peut néanmoins recenser 42 candidats « écologistes », dont 14 membres des *Verts cp*.

Cette situation est parfois présentée, par certains écologistes, comme la résultante d'une volonté politique, les décisions de tactique électorale devant être prises au niveau où elles se posent, de même que toute autre décision. L'agrément intérieur des *Verts cp*, comme celui des VPE, expose d'ailleurs explicitement :

« Pour les élections ne relevant par strictement du niveau national ou européen (municipales, cantonales, régionales...) la décision

16. Voir Albert Mabileau, « La nationalisation des candidatures par la médiation des notables », *in* Pascal Perrineau (sous la direction de), *Régions : Le baptême des urnes*, Paris, Pedone, 1987, p. 23-47.

17. *Ibid.*, p. 33.

revient au niveau d'organisation concerné, mais fera l'objet d'une recommandation en Assemblée générale nationale ou, en cas d'urgence, en CNIR » (art. 13).

Mais, si cette justification peut éventuellement être acceptée pour les élections locales où elle coïncide effectivement avec la volonté décentralisatrice des écologistes, elle ne peut l'être pour les élections nationales qui devraient, comme le disent les écologistes eux-mêmes, être traitées au niveau ou elles se posent, et pour lesquelles l'agrément intérieur des VCP, comme celui des VPE, dispose expressément :

> « La décision de participer aux élections législatives, présidentielles ou européennes sera prise au niveau d'une assemblée générale ou nationale. » (art. 13).

La présentation de candidats sous le sigle *Les Verts* à des élections nationales, comme les élections législatives de 1988, pour lesquelles *Les Verts cp* avaient décidé de ne pas présenter de candidats, témoigne donc de l'incapacité du centre de l'appareil partisan à faire appliquer ses décisions par la périphérie, et cela, même lorsqu'il s'agit d'enjeux nationaux et non plus locaux, d'élections nationales et non plus locales, et prouve, en fait, l'extrême autonomie des échelons locaux du mouvement et la faible centralisation de ce dernier.

En outre, cette situation qui ne permet pas à l'appareil central d'imposer ses choix lors d'enjeux nationaux, semble également peu performante lors d'élections locales. D'une part, le processus de constitution des listes à partir d'instances locales et sans coordination nationale aboutit à des échecs : par exemple, l'impossibilité, en 1986, de présenter une liste pour les élections régionales dans l'Aveyron, malgré la proximité du Larzac[18], symbole des luttes écologistes. D'autre part, les élec-

18. *Ibid.*, p. 33.

tions locales étant de plus en plus nationalisées[19], la différence dans le degré de décision de la tactique électorale, selon le caractère local ou non de l'enjeu, se justifie de moins en moins.

B) *Une organisation sans direction omnipotente.* – Si les statuts des *Verts cp* prévoient des organes dirigeants, et donc des dirigeants, leurs structures semblent conçues de manière à empêcher la formation d'un groupe de dirigeants, exclusif et professionnel, distinct et indépendant, du parti dans son ensemble.

Les statuts des *vcp* ne prévoient ni poste de président, ni poste de secrétaire général. La direction fonctionne selon le principe de l'exécutif collégial. L'organe parlementaire élit un Collège exécutif qui comprend, notamment, quatre porte-parole placés sur un pied d'égalité. Aucune intervention ne peut avoir lieu sans l'accord de la majorité d'entre eux. Les membres de l'organe exécutif, révocables à tout moment par l'organe parlementaire, ne peuvent être, en même temps, députés européens. Ces derniers doivent se soumettre au principe de rotation des mandats ou « tourniquet ». En outre, les dirigeants ne détiennent pas l'exclusivité des pouvoirs décisionnels, puisqu'un référendum d'initiative militante, dont les résultats sont décisionnels, doit être organisé au sein du mouvement, si 10 % des adhérents en font la demande. Ainsi, les décisions des dirigeants peuvent toujours être invalidées et leur ligne politique censurée.

19. Elisabeth Dupoirier, Gérard Grunberg, « Vote municipal et vote législatif de 1965 à 1971 dans les villes de plus de 30 000 habitants », *Revue française de science politique*, vol. 22, 2, avril 1972, p. 238-268. ; « Qui gouverne la France urbaine ? Les élections municipales de mars 1977 dans les communes de plus de 9 000 habitants », *Revue française de science politique*, vol. 28, 1 février 1978, p. 27-54 ; Jean-Luc Parodi, « Dans la logique des élections intermédiaires », *Revue politique et parlementaire*, 903, avril 1983, p. 42-70 ; Elisabeth Dupoirier, Gérard Grunberg, Daniel Boy, « L'évolution électorale de la France urbaine (1971-1983) », *Revue française de science politique*, vol. 35, 1, février 1985, p. 46-71.

Si l'on ajoute à cela l'extrême décentralisation, déjà mentionnée, de ces mouvements, les systèmes de contrôles qui pèsent sur leurs dirigeants, leur élection à la représentation proportionnelle et le principe de représentation des minorités au sein des organes dirigeants, on s'aperçoit que ces organismes restent éloignés du schéma classique de fonctionnement d'un parti de pouvoir, lequel repose sur l'omnipotence d'une équipe de direction entre deux assemblées auxquelles elle rend compte.

C) *La démocratie interne prime sur l'efficacité.* – Dans la plupart de leurs processus de décision, leur organisation, leur choix, *Les Verts cp* font passer la volonté de démocratie interne avant le souci d'efficacité[20].

Ainsi, pour en revenir à l'exemple des élections présidentielles de 1981 ou de 1988, la désignation du candidat écologiste par des primaires est sans doute très démocratique[21], mais aboutit-elle forcément au meilleur choix possible ?

Dans tous les actes de fonctionnement des *Verts cp*, un référendum d'initiative militante, dont les résultats sont décisionnels doit être organisé si un dixième des adhérents en fait la demande. Là encore, la procédure, certes très démocratique, ne risque-t-elle pas de s'exercer au détriment d'une certaine continuité et efficacité de l'organisation au sein de laquelle elle s'applique ?[22] Il en est de même pour le principe de rotation des élus

20. On sait que ces deux principes sont contradictoires à l'intérieur d'un parti. Sur ce point, voir, R. Michels, *op. cit.*, notamment p. 40 ; Maurice Duverger, *Les Partis politiques*, Paris, A. Colin, 1981 (1re éd. : 1951), notamment p. 204.
21. Il faut toutefois en signaler les limites. Seulement 1561 personnes au premier tour, et 1811 au second tour, y participent en 1980.
22. R. Michels, *op. cit.*, p. 243-246, montre, déjà, les « résultats mauvais » du référendum dans les partis.

qui empêche leur professionnalisation. Cette procédure, comme le principe de la direction collégiale, peuvent néanmoins, s'expliquer pour trois raisons. Tout d'abord, ils permettent aux diverses factions d'accéder au pouvoir. Ensuite, ils accroissent les capacités de rétribution et de patronage du parti en découpant en tranches les espoirs de rétribution et les rétributions effectives. Enfin, ils développent les liens entre les parlementaires et la base militante plutôt qu'entre les parlementaires verts et leurs homologues.

On retrouve cette opposition entre le principe de démocratie et le principe d'efficacité dans l'attitude des organisations écologistes au moment des élections.

L'un des aspects essentiels du « capital » d'un parti est constitué par les suffrages que celui-ci recueille lors des élections. Ce capital électoral, dont le montant varie avec le nombre de voix obtenu à chaque élection, n'autorise pas seulement l'accès au pouvoir si l'on obtient le nombre de suffrages suffisant. Il permet également d'évaluer, de mesurer la puissance du parti en question et lui fournit une grande part de ses armes et de ses arguments dans les rapports de forces qui l'opposent aux autres partis, ou bien dans les négociations qu'il entreprend avec eux. Selon qu'il adopte une attitude intransigeante envers ce capital, qu'il l'hypothèque, ou qu'il en échange une fraction contre la part de capital électoral d'un autre parti ou la promesse d'un poste ou d'une politique publique, le parti en use comme de sa propriété, ne faisant, par là, qu'exercer l'un des privilèges de son appareil. Aucun parti de pouvoir ne saurait négliger ce capital qui constitue le fondement essentiel de son pouvoir, de sa puissance, voire de sa légitimité. Or, précisément, tournant le dos à ce pouvoir, les mouvements écologistes refusent presque toujours de donner des consignes de vote, ne se considérant pas comme possesseurs des voix qui se sont portées sur eux. Par là même, ils récusent ce qui pourrait être l'un de leurs privilèges majeurs d'appareil partisan et l'une des sources essentielles de leur puissance. Ce faisant, les organisations écologistes n'adoptent pas le comportement d'un parti de pouvoir.

III. – La nature organisationnelle des Verts cp et son évolution

Comment, dès lors, qualifier la nature organisationnelle des *Verts cp* ? Au vu des caractéristiques principales énoncées, il apparaît clairement qu'ils se différencient fortement des partis classiques qu'ils soient « de cadres », « de masses »[23], ou « attrape-tout »[24].

Même s'ils présentent des caractéristiques libertaires, ils ne sont pourtant pas assimilables aux partis de gauche traditionnels. Car s'ils partagent avec ceux-ci une volonté d'égalitarisme et de contrôle politique de l'économie, contrairement à eux, ils critiquent le souhait d'une affluence matérielle croissante, la persistance d'un processus politique dominé par des élites restreintes, la planification centralisée et mettent l'accent sur la démocratie participative, la décentralisation et certaines questions spécifiques comme l'environnement ou la démocratisation des choix technologiques. De même, les écologistes critiquent les partis de gauche pour leur caractère établi et centralisé. En outre, ceux-ci sont construits sur une idéologie collectiviste de solidarité et sur une culture de classe alors que les écologistes ne se fondent pas sur des subcultures de classe et mettent en avant les éléments de participation individuelle[25].

Un tableau synoptique permet de visualiser les principales différences entre les partis traditionnels et une organisation écologiste comme celle des *Verts cp* (tableau 3).

---

23. M. Duverger, *op. cit.*
24. O. Kirchheimer, *op. cit.*
25. Herbert Kitschelt, « Left-libertarian Parties : Explaining Innovation in Competitive Party Systems », *World Politics* XL, 2, January, 1988, p. 194-234 ; « Organization and Strategy of Belgian and West German Ecology Parties », *Comparative Politics*, xx, 2, January 1988, p. 127-154.

Tableau 3. – **Principales différences
entre les organisations écologistes et les partis classiques.**

	Les Verts cp (et organisations écologistes en général)	Partis classiques
Organisation	Fluide Peu différenciée Peu professionnalisée	Formelle, différenciée, professionnalisée
Direction	Fragmentée, collégiale, instable	Stable
Conventions partisanes	Très ouvertes et démocratiques, voire inexistantes (AG en tenant lieu)	Fermées
Participation au gouvernement	Seulement si acceptation des demandes clés	But essentiel
Compromis-alliances	Refusés Accent sur nature non négociable des buts	Acceptés, voire recherchés
Liens avec les groupes	Informels et personnels	Organisationnels avec groupes d'intérêts centralisés et contrôlés hiérarchiquement
Désignation des candidats	Par la base (primaires) ou les échelons locaux	Listes établies par l'état-major (éventuellement ratifiées par les conventions)
Conception de l'homme politique et du dirigeant partisan	Un citoyen politicien servant temporairement en politique puis retournant à la vie privée	Politicien professionnel à longue durée de vie politique et électorale
Compétition électorale	Un aspect parmi d'autres, seulement, de l'action du mouvement	Aspect essentiel
Mode d'action	Informel, *ad hoc,* discontinu	Formel
Relations avec les acteurs politiques	Fondées sur l'antinomie « eux/nous » et le refus de la négociation	Fondées sur la négociation, le compromis

Apparus comme un nouveau mouvement social, refusant l'idée même de parti, les écologistes évoluent peu à peu, notamment avec la création et les réformes des *Verts cp*, vers un refus et une critique du parti professionnalisé, de pouvoir, tendu vers un unique but de pouvoir : une critique d'un type de parti, a succédé à une critique du concept de parti.

Dans cette mesure et au vu de cette évolution, il est dorénavant possible de rattacher *Les Verts cp*, non plus à la catégorie des groupes de pression ou des nouveaux mouvements sociaux mais à celle des organisations partisanes. Ils appartiennent à la catégorie, encore floue, des nouveaux partis politiques apparus depuis les années soixante.

Sans être pleinement satisfaisantes, la typologie opposant le modèle du parti efficace et rationnel (centralisé, professionnalisé, électoraliste, recourant aux compromis et aux structures souples) au modèle du parti démocratique (décentralisé, faisant preuve d'amateurisme organisationnel et d'une forte structuration idéologique, visant à imposer sa propre démocratie interne avant de la transposer à l'Etat)[26] ou la théorie des structures de clivage, visant à rendre compte de la structure organisationnelle et de la stratégie des partis selon les subcultures prépolitiques et les groupes constituants mobilisés[27], semblent plus adaptées à l'objet et plus heuristiques en l'occurrence, que d'autres.

---

26. William E. Wright, « Comparative Party Models : Rational Efficient and Party Democracy », *in* William E. Wright (ed.), *A Comparative Study of Party Organization*, Columbus, Ohio, Merril, 1971. L'« insatisfaction », relative, éprouvée face à cette distinction vient, notamment, de ce que le modèle du parti démocratique donne la priorité au parti dans la conception de la démocratie et de la fonction gouvernementale, ce qui ne s'accorde pas avec le discours écologiste.

27. M. Duverger, *op. cit.* ; Sigmund Neumann, « Toward a comparative Study of Political Parties », *in* Sigmund Neuman (ed.), *Modern Political Parties. Approaches to comparative Politics,* Chicago, University of Chicago Press, 1956, p. 395-421.

L'émergence des écologistes, un peu partout dans le monde, peut donc s'analyser comme l'apparition d'une nouvelle cohorte de partis politiques. Et le développement de ce nouveau type partisan entraîne plusieurs conséquences :

1) Il montre que les partis de masse, établis, très intégrés, peuvent être défiés, avec un certain succès.

2) Ces nouveaux partis incarnent un potentiel de changement du système prédominant d'intermédiation des intérêts entre l'Etat et la société civile, fondé sur des organisations de « partis de masses », et des groupes d'intérêts hiérarchisés[28].

3) La progression de ces nouveaux partis politiques affecte beaucoup plus les partis de gauche que de droite et constitue donc davantage un défi à la gauche établie qu'à la droite. En effet, l'échec ou l'inexistence des partis écologistes conduit les partis de gauche établis à ressentir, dans leurs rangs, les demandes dont auraient été porteurs les écologistes, ce qui peut aboutir à de graves conflits internes, comme l'a montré l'exemple du SPD, dans les années soixante-dix. A l'inverse, la création de partis verts amène à « externaliser », temporairement au moins, un problème qui demeure cependant posé, principalement aux partis de gauche, mais de manière différente.

4) Le développement de ces nouveaux partis conduit à relativiser la thèse du déclin des partis, largement répandue dans les années soixante et soixante-dix[29] qui touche beaucoup moins les partis de droite, renforcés et professionnalisés, notamment en France[30], que les

28. Claus Offe, « New Social Movements : Challenging the Boundaries of Institutional Politics », *Social Research*, 52, 4, 1985, p. 817-868 ; Brigitta Nedelman, « New Political Movements and Changes in Processes of Intermediation », *Social Science Information*, 23, 6, 1984, p. 1029-1048 ; H. Kitchelt, « Organization and Strategy... », *art. cité*.

29. Voir, notamment, Léon D. Epstein, *Political Parties in Western Democracies*, New York, Praeger, 1967 ; Franck Sorauf, *Political Parties in America*, Boston, Little Brown, 1968.

30. Franck L. Wilson « The Revitalization of French Parties », *Comparative Political Studies*, 12, April 1971, p. 82-103.

partis de la gauche établie, menacés par des tendances « écolo-libertaires » en leur sein et en dehors d'eux[31].

5) Le développement d'un nouveau modèle de parti politique conduit (pour l'instant au moins) à invalider les thèses d'une convergence de tous les partis vers un modèle unique, qu'il s'agisse du « parti de masses », du « parti attrape-tout » ou du « parti de cadres »[32], et à relativiser la thèse du lien entre les formes organisationnelles et le contenu politique des partis modernes[33].

En effet, la croissance des nouveaux partis verts suggère d'une part, une hétérogénéité continue des modèles partisans et d'autre part, un renversement partiel des différences structurelles typiques des organisations partisanes européennes. La droite possède maintenant des organisations partisanes très bureaucratiques tandis que le nouveau modèle de mobilisation politique des partis verts et de la gauche libertaire à l'intérieur des partis socialistes établis a tendance à délaisser l'organisation rigide des partis de masse[34].

6) Le développement des partis verts semble, partiellement, exaucer les souhaits des penseurs qui, reprochant aux partis de masse de déformer les préférences des citoyens et de les soumettre au contrôle des oligarchies partisanes, appelaient de leurs vœux des groupes temporaires, formés autour de questions précises, représentant plus exactement les opinions des citoyens et permettant des formes de participation plus fluides[35].

31. H. Kitschelt, « Organization and Strategy... », *art. cité*.
32. D. Epstein, *op. cit.*
33. M. Duverger, *op. cit.*
34. H. Kitschelt, « Organization and Strategy... », *art cité*.
35. Voir, notamment, Moïse Ostrogorsky, *La Démocratie et l'organisation des partis politiques*, Paris, Calmann-Lévy, 1902 ; Simone Weil, « Note sur la suppression générale des partis politiques » (1943) *in* « *Ecrits de Londres et dernières lettres*, Paris, Gallimard, 1957, p. 126-145 ; Bertrand de Jouvenel, *Du Pouvoir. Histoire naturelle de sa croissance,* Genève, Ed. du Cheval ailé, 1945, p. 330-338.

De même, le développement de ce type de mouvement annonce peut être les limites historiques de la progression des « partis de masses », autrefois pourtant défendus comme une caractéristique permanente et souhaitable des régimes démocratiques[36], et tend à indiquer que les conflits politiques futurs ne seront peut-être pas véhiculés par les modèles partisans qui se sont forgés depuis deux siècles.

Il n'en reste pas moins que ces nouveaux types d'organisations posent des problèmes de fonctionnement importants aussi bien en termes d'efficacité que pour atteindre les objectifs de fonctionnement démocratique souhaités. Ainsi, le caractère assez informel des structures partisanes pousse à des prises de décisions collectives découlant plus de facteurs occasionnels que d'une vision stratégique cohérente et continue dans le temps.

De même, les partis écologistes éprouvent-ils de grandes difficultés pour fournir des incitations à maintenir l'activité. Cette faible rétribution matérielle du militantisme entraîne des taux de rotation des adhérents plus importants que dans les partis classiques. Pour les dirigeants, c'est encore plus vrai. D'une part, la rotation est parfois statutairement prévue à un rythme souvent rapide. D'autre part, l'interdiction du cumul des mandats avec certaines fonctions électives, le poids des contrôles permanents, le faible pouvoir dont les dirigeants disposent... conduisent, souvent, la fonction à présenter plus de coûts que de bénéfices et donc à attirer, parfois, peu de volontaires ou un personnel inexpérimenté ou politiquement peu représentatif. Dès lors, des dirigeants officieux plus importants que les dirigeants formels, apparaissent, contredisant le souci initial de transparence et de démocratie. De même, le faible nombre de règles pour la

---

36. Voir notamment, Max Weber, « Politics as a vocation » (1918) *in* Han H. Gerth, Charles Wright Mills, *From Max Weber : Essays in Sociology,* London, Rootlldge and Kegan, 1952, p. 72-128, (1re ed : 1949).

participation et le caractère souvent informel de la représentation conduisent les activistes, capables de mobiliser les ressources personnelles les plus importantes à détenir les plus grandes possibilités effectives de participer aux décisions et au pouvoir, ce qui aboutit à une violation du principe d'égalité entre les participants.

Ainsi, la volonté de démocratie participative et le rejet du formalisme entraînent, dans les faits, des effets pervers, au détriment de l'efficacité mais aussi du souci initial de démocratie et de transparence. Chez *Les Verts cp*, et pour s'en tenir, par exemple, aux élections européennes de 1989, ces biais conduisent à la nécessité de 50 tours de scrutin pour désigner les 11 premiers candidats de la liste, et à une direction décapitée entre juin et septembre, sept des membres du Collège exécutif (dont trois des quatre porte-parole) élus ou coélus[37] au Parlement européen de Strasbourg ne pouvant plus faire partie du C.E. et leurs remplaçants n'ayant été désignés que trois mois plus tard.

Devant ces difficultés, la tendance à la diversification des modèles partisans relevée plus haut n'aura-t-elle qu'un temps ? Les partis verts évolueront-ils, conformément aux théories de la compétition partisane, vers un modèle partisan classique et efficace, rendu nécessaire par les exigences de la compétition électorale et l'obligation d'attirer les électeurs marginaux[38] ou, les intérêts conservateurs des dirigeants aidant, vers une structure verticale, hiérarchisée et oligarchique[39] ? C'est l'évolution des partis de gauche depuis la fin du xixᵉ siècle. Malgré leur désir initial de combiner une organisation partisane efficace avec une démocratie interne et une

---

37. Les suivants de liste des élus sont considérés, par *Les Verts cp*, comme des co-députés assistant les députés. Ceux-ci deviennent, à leur tour assistants des premiers à mi-mandat.
38. Anthony Downs, *An Economic theory of democracy*, New-York, Harper and brothers, 1957 ; O. Kirchheimer, *op. cit.* ; Jean Charlot, *Le Phénomène gaulliste*, Paris, Fayard, 1970, p. 63-66.
39. R. Michels, *op. cit.*

participation des militants au processus de prise de décision, ils ont succombé aux tendances oligarchiques et à la logique de la compétition partisane.

De fait, les écologistes ont déjà beaucoup évolué, depuis leurs débuts, quant à leur discours : acceptation récente d'un but de pouvoir refusé auparavant, et quant à leurs attitudes : constitution d'organisations permanentes et non plus éphémères, comme autrefois ; unification (*Les Verts cp*) ; conception des campagnes électorales dans le but d'être élus et non plus seulement d'informer ou de faire pression ; séparation physique entre les membres de l'organe exécutif et de l'organe parlementaire (opérée par *Les Verts cp* pour la première fois) ; acceptation d'une certaine personnalisation et médiatisation à travers Antoine Waechter (il était auparavant impensable que le candidat écologiste aux élections présidentielles fût, dès l'année suivante, tête de liste aux élections européennes)... Ils restent, cependant, encore très éloignés du modèle du parti efficace, tout entier dévoué à la compétition partisane.

Dès lors, si les partis verts ne connaissent pas la même évolution que les partis socialistes au cours du xxᵉ siècle, ils n'entraîneront pas seulement une modification de l'agenda politique mais pourront, aussi, contribuer à une transformation des systèmes partisans européens et du mode de fonctionnement interne des partis politiques en général.

IV. – Une stratégie conflictuelle

En France, les écologistes n'ont pas cessé de se diviser sur la stratégie et la ligne politique à adopter. Outre les petites tendances et l'opposition fondamentale entre la stratégie partisane et la stratégie de pression, le conflit principal oppose, depuis longtemps, les tenants d'une ligne autonome à ceux qui envisagent des alliances, principalement avec la gauche non communiste. Ce clivage, latent, resurgit à l'occasion de chaque échéance électorale.

Dès 1974, René Dumont appelle à titre personnel à voter pour F. Mitterrand. En 1978, les écologistes se divisent entre partisans de listes autonomes, regroupés dans le *Collectif écologie 78* et ceux qui préfèrent l'alliance avec le PSU dans un *Front autogestionnaire*. Entre les deux tours, des représentants de la première tendance appellent néanmoins à voter pour ou contre tel ou tel candidat, malgré la consigne nationale de non désistement.

En 1983, lors des municipales, certaines alliances ou désistements s'opèrent, ici au profit d'une liste de gauche, là au bénéfice d'une liste de droite. En 1984, une liste ERE (*Entente radicale écologiste*), conduite notamment par B. Lalonde, s'oppose à la liste des *Verts cp*, tandis que d'autres écologistes figurent sur la liste Depaquit-Fizbin. En 1986, des candidats indépendants se présentent notamment dans le Rhône et à Paris. En 1988, certains écologistes hésitent aux présidentielles entre P. Juquin et A. Waechter et, malgré la décision des *Verts cp* de ne pas participer, D. Anger se présente aux législatives avec le soutien de la majorité présidentielle. Le conflit ne disparaît donc pas avec l'unification des écologistes et la création en janvier 1984 des *Verts cp*, au sein desquels subsistent les deux tendances : les tenants de la ligne autonome et ceux plaidant pour un rassemblement ou des alliances avec des mouvements de gauche en général, de gauche alternative ou d'extrême gauche.

La seconde tendance domine au sein des *Verts cp* entre 1984 et 1986. En mai 1985, trois porte-parole : Yves Cochet, Didier Anger et Jean Brière lancent un « Appel à la convergence des forces alternatives et écologistes ». En septembre 1986, un nouvel appel à la constitution d'une force alternative avec « une ouverture franche » vers des éléments ou d'anciens éléments de la gauche suggèrant, notamment, l'éventualité d'un candidat non issu des *Verts cp* pour les présidentielles de 1988, entraîne une situation de blocage au sein du CNIR, une moitié votant pour et l'autre contre.

En novembre 1986, l'Assemblée générale désavoue les dirigeants sortants en rejetant la motion « Construire » présentée par Didier Anger, Jean Brière, Yves Cochet et Guy Marimot, les quatre porte-parole en fonction, et qui préconisait l'ouverture à – ou l'alliance avec – « certaines forces politiques comme le PSU, le FGA ou certaines franges d'autres formations politiques ». Sort victorieuse, par 413 mandats (68 %) contre 196 (32 %), la motion « Affirmer l'identité politique des écologistes » présentée, notamment, par Antoine Waechter, André Buchmann et Michel Delore. Cette motion rejette nettement toute alliance, affirmant que « l'écologie n'est pas à marier » et prônant « l'affirmation intransigeante de l'originalité et de l'identité » des écologistes. C'est la victoire des Alsaciens, qui ont fait leurs preuves électorales, et de la tendance « environnementaliste » autant qu'autonome qui prend ainsi la tête du mouvement. C'est aussi le début d'un recentrage sensible des *Verts cp* sur le local, le travail de terrain, les thèmes d'origine du mouvement, qui contribue peut-être, dès 1988, au succès électoral et militant (+ 30 % d'adhérents dès l'Assemblée générale de novembre 1988).

Cet important changement de stratégie est parfois interprété comme un revirement conservateur ou un repli sur un strict et frileux « environnementalisme ». Si le recentrage sur les thèmes d'origine semble incontestable, les grandes tendances programmatiques restent inchangées et ce jugement paraît donc excessif.

En revanche, cette nouvelle stratégie permet véritablement le « décollage » du mouvement. Moins de quatre ans après son adoption, elle paraît en effet particulièrement adaptée à la situation politique et en conséquence particulièrement payante. Tout d'abord, en affirmant et en réaffirmant leur autonomie et leur indépendance à l'égard de la gauche, des partis politiques, voire du champ politique, *Les Verts cp* se placent en position de pouvoir échapper (ou de pouvoir continuer à échapper) au discrédit croissant qui atteint ces partis et le système politique. Ils restent à l'abri des effets de cette désaffection. Ensuite, en recentrant leur programme, leur discours, leur campagne, sur des thèmes plus « environnementalistes », *Les Verts cp* se positionnent bien pour accompagner, voire précéder, le regain d'intérêt pour ces questions dans l'opinion à partir de 1987-1988. Enfin, en conservant une bonne partie de la radicalité de leur programme, *Les Verts cp* se placent en position de pouvoir incarner une véritable alternative politique dans un régime où, précisément, les alternances successives (1981, 1986, 1988) n'ont pas entraîné une réelle alternative[40] mais, au contraire, un relatif rapprochement des positions des partis établis.

L'autre tendance persiste dans sa voie. Didier Anger et Yves Cochet signent, en février, l'« Appel pour un arc-en-ciel » en faveur d'un regroupement des écologistes avec la gauche alternative et les autogestionnaires. Sont à nouveau présentées des motions d'ouverture à gauche en novembre 1987 (motion « Entrons en politique » qui préconise la négociation d'un contrat avec le PS prévoyant le report des voix vertes au second tour en 1988, contre l'assurance de participer au gouvernement sur un programme précis), en novembre 1988 (proposition de listes d'union avec la majorité présidentielle, dès le premier tour des municipales) et en novembre 1989 (motion « Pour une politique capable d'allier la radicalité de nos choix au réalisme et à la mesure dans la démarche »). Mais la nouvelle ligne est confirmée par

40. Sur la différence entre alternance et alternative et les configurations d'alternance sans alternative, voir, Philippe Braud, *Le Suffrage universel contre la démocratie*, Paris, PUF, 1980.

64 % des voix, contre 14 % en 1987, 79 % contre 5 % en 1988, 54 % contre 10 % en 1989, 49,5 % contre 30 % en 1990.

En 1989, la situation est renversée. D'ouverture à gauche il n'est plus question et ce sont la *Nouvelle gauche* et le PSU qui soutiennent la liste des *Verts cp* en juin, sans y avoir pourtant de représentants. L'ouverture des *Verts cp* subsiste mais elle se fait désormais plutôt vers le milieu associatif de protection de l'environnement avec l'octroi d'une huitième place d'éligible à un ancien président de la *Fédération française des sociétés de protection de la nature*.

IDÉES

Il n'est guère possible, dans les limites de cet ouvrage, d'entreprendre une analyse complète des thèses écologistes et de leur évolution qui, depuis une quinzaine d'années, n'est pas négligeable. On essaiera donc simplement de donner un aperçu d'une part, de la pensée écologiste et d'autre part, des programmes des *Verts cp.*

I. – La thématique écologiste

La thématique écologiste se construit d'abord, dans son origine comme dans sa tonalité et son apparence, comme une critique fondamentale de la société industrielle et de ses aspects productivistes, technocratiques et de consommation.

Ainsi, les ressorts premiers de cette société : la croissance et le type de croissance sont-ils particulièrement critiqués. La croissance paupérise la Terre entière par le pillage des ressources naturelles non renouvelables, et, surtout, les hommes eux-mêmes dans les pays dits développés, en se fondant sur l'augmentation de la consommation. Elle accélère la rapidité d'obsolescence des objets, ce qui conduit à la nécessité d'une quantité croissante de produits pour satisfaire les besoins[1]. Ainsi, l'exacerbation de l'appétit de consommation qui consti-

---

1. Michel Bosquet, *Ecologie et liberté*, Paris, Galilée, 1977, notamment p. 11-18, 43-47, 52-55 ; Aujourd'hui l'écologie, *Le Pouvoir de vivre*, n° spécial de *Ecologie*, mars 1981.

tue la logique de la société de consommation contribue à entretenir, constamment, le manque et la frustration en dépit de l'abondance quantitative[2]. En outre, l'individu est amené à travailler plus qu'il n'est nécessaire pour satisfaire ses besoins vitaux, car il est incité à acquérir davantage de biens. En conséquence, il maîtrise moins son temps que l'homme des sociétés primitives et la part de temps contraint ne diminue pas. En effet, paradoxalement, les gains de productivité (qui ne sont pas niés par les écologistes) n'ont pas principalement servi à accroître le temps libre, la légère baisse du temps de travail étant sans proportion avec l'augmentation de la productivité. Ainsi, cherche-t-on à fabriquer deux fois plus de choses en un temps donné, plutôt que la même quantité de choses en deux fois moins de temps[3].

Loin de réduire les inégalités, la croissance les accroît. C'est le cas d'abord entre pays, puisque la croissance des nations développées se fonde sur le pillage du Tiers-monde[4]. Ensuite, à l'intérieur des pays développés, puisqu'elle entraîne une consommation distinctive : l'achat de biens à faible valeur d'usage mais acquis par *standing*[5]. Surtout, la croissance menace l'autonomie individuelle par le gigantisme (des entreprises et de l'Etat)

2. Michel Bosquet, *Ecologie et politique*, Paris, Galilée, 1975, voir notamment p. 13-14, 39, 95, 116 et suiv. ; *Ecologie et liberté*, *op. cit.*, p. 56-67 ; Mouvement d'écologie politique, MEP (plaquette de présentation du MEP), s.l., s.n., s.d. ; Jacques Ellul, « L'absurde économique », *Combat-nature*, 56, mai-juin 1983, p. 17-18.

3. Centre national pour une science de l'environnement, *Perdre sa vie à la gagner*, Paris, J.J. Pauvert, 1977 ; Adret, *Travailler deux heures par jour*, Paris, Seuil, 1978 ; *Aujourd'hui l'écologie*, *op. cit.* Sur la critique du travail dans la société moderne par un intellectuel prophétique proche des écologistes, voir aussi, Bernard Charbonneau, *Dimanche et lundi*, Paris, Denoël, 1966.

4. René Dumont, *L'Utopie ou la mort !*, Paris, Seuil, 1973 ; *La Croissance... de la famine !*, Paris, Seuil, 1975 ; *Seule une écologie socialiste...*, Paris, Laffont, 1977 ; Amis de la Terre, « Destination écosociété », *Le Sauvage*, 43, été 1977, p. 55 ; *Aujourd'hui l'écologie, op. cit.*, p. 213-223.

5. M. Bosquet, *Ecologie et liberté, op. cit.*, notamment p. 56-67 ; *Ecologie et politique, op. cit.*, p. 13-14, 44.

qu'elle entraîne[6] et qui conduit à une parcellisation du travail, à une diminution de la maîtrise technique de l'homme sur les objets et à une perte d'emprise sur la vie quotidienne, désormais dépendante d'immense machines pour nourrir, soigner, chauffer... et qui deviennent contre-productives[7].

Ainsi, la notion de productivisme (système centralisé, hiérarchisé, caractérisé par la parcellisation des tâches et le gigantisme des unités de production où l'homme est uniquement considéré comme une producteur et un consommateur), est-elle au centre de la critique écologiste[8]. C'est une bonne part du système économique et social qui est ainsi refusée[9], jusqu'à remettre en question un certain anthropocentrisme[10]. Le système économique international et la division du travail sont également très vivement rejetés[11].

Dans le domaine politique et institutionnel, l'Etat, devenu obèse et confisqué par une technocratie, doit être limité (Etat minimum), voire démantelé d'une part, parce qu'il étouffe et menace l'autonomie individuelle et la société civile[12], écrase des communautés (quartier, commune, famille, association...) qu'il faut au contraire

6. Jean Brière, *Projet de manifeste du parti écologiste,* s.l., s.n., 16 p., avril 1983, p. 4 ; Les Verts, *Texte d'orientation,* s.l., s.n., mai 1983 ; 2 p., M. Bosquet, *Ecologie et liberté, op. cit.*

7. Les Verts, *Texte d'orientation, op. cit.* ; Amis de la Terre « Destination : écosociété », *art. cité* ; M. Bosquet, *Ecologie et liberté, op. cit.*

8. Voir, par exemple, Brice Lalonde, « Je rêve d'une nouvelle alliance entre d'authentiques libéraux et d'authentiques autogestionnaires », entretien avec Patrick Jarreau, *Le Monde,* 24 avril 1981, p. 1, 7 (7) ; René Commandeur, « Réinventer l'économie », *Combat-nature,* numéro spécial, 62, juin 1984, p. 14-15 (10-11).

9. Les Verts, *Texte d'orientation, op. cit.*

10. « Ce qui est véritablement en cause, c'est notre façon d'« habiter le monde », [...] L'Ecologie oblige l'homme à reconsidérer son rapport au monde, à remettre en cause l'anthropocentrisme des interprétations philosophiques qui se sont succédées jusqu'à nos jours ». écrit J. Brière, *op. cit.,* p. 1. Dans le même sens, voir aussi Michel Dupupet, *Comprendre l'écologie,* Lyon, Chronique sociale, 1984.

11. Aujourd'hui l'écologie, *op. cit.,* p. 142-143.

12. Voir, par exemple, Brice Lalonde, « Court traité imagé sur les écologies », *Le Sauvage,* 43, été 1977, p. 50-54 ; Les Verts, *Texte d'orientation, op. cit.,* Amis de la Terre, « Destination : écosociété », *art. cité.*

revivifier[13] d'autre part, parce que l'Etat-nation est une structure périmée et nocive[14] : elle est, en même temps, trop grande et trop petite. Aussi, convient-il qu'elle s'efface devant des entités supranationales, seules aptes à lutter contre certaines pollutions transfrontières et qui nécessitent des abandons de souveraineté nationale, et devant des unités infranationales, comme les régions, de dimensions plus adaptées à la gestion des écosystèmes, comme à l'autarcie économique, à la solidarité sociale ou à la participation politique. Sont également critiqués et doivent disparaître ou être reformés : les partis, « machines de guerre », « appendices de l'Etat », « organismes totalitaires »[15], « institutions contre-productives »[16], la démocratie représentative, et la délégation de pouvoir.

Le discours écologiste est aussi très critique, à l'égard de la science[17] et de la technique[18], et envers

13. M. Bosquet, *Ecologie et liberté, op. cit.*, p. 74-90. *Ecologie et Politique, op. cit.*, p. 13-14. Amis de la Terre, *Texte de base*, L'écologie, la politique et les Amis de la Terre, s.l., s.n., dact. 4 p., automne 1977 ; « Destination : écosociété », *art. cité.*

14. Aujourd'hui L'écologie, *op. cit.* p. 265-276. Pour une critique de l'Etat-nation par un intellectuel prophétique proche des écologistes, voir aussi, Bernard Charbonneau, *L'Etat*, Paris, Economica, 1988, (1re ed. : 1952) ; *Le Système et le chaos*, Paris, Anthropos, 1973, chap IV.

15. Brice Lalonde, Dominique Simmonnet, *Quand vous voudrez*, Paris, Pauvert, 1978, p. 168. Cet aspect fut pourtant nuancé par la suite.

16. B. Lalonde, « Court traité imagé sur les écologies », *art. cité.*

17. Voir, par exemple, René Dumont, Brice Lalonde, Serge Moscovici, *Pourquoi les écologistes font-ils de la politique ?*, Paris, Seuil, 1978, p. 89-103. Pour une critique de la science par un intellectuel prophétique proche du mouvement écologiste, voir aussi B. Charbonneau, *Le Système et le chaos, op. cit.*, chap. 1 ; *Le Feu vert, op. cit.*, p. 112-114, 153-154 ; « Vers un meilleur des mondes », *Combat-nature*, 65, août 1984, p. 62-63.

18. M. Bosquet, *Ecologie et liberté, op. cit.*, notamment p. 31-36 ; Aujourd'hui l'écologie, *op. cit.*, p. 168-173 ; Bernard Charbonneau, « Défendre les sociétés locales contre le centralisme économique », *Combat-nature*, 57, avril 1983, p. 20-21 ; *Le Système et le chaos, op. cit.*, notamment chap. 2 et 5, p. 302-335, 400-405. Dans ce domaine, outre Illich et Marcuse, les écologistes peuvent asseoir leur discours sur les analyses précoces mais sans cesse approfondies et actualisées d'un des tout premiers penseurs français de la question qui fut aussi l'un de leurs grands intellectuels prophétiques et qui dénonce, notamment, l'idée de la neutra-

certaines de leurs utilisations potentielles (comme le montre largement – mais pas uniquement – le combat antinucléaire). Celles-ci ne sont pas seulement dénoncées parce qu'elles favorisent un certain « progrès », conduisant à l'industrialisation, à la destruction de la nature et des écosystèmes (voire, à celle de la planète) mais aussi parce que, alliées à l'Etat, elles ouvrent la voie à une compétence ou une pseudo-compétence de savants, de techniciens, de technocrates qui confisquent les débats scientifiques, techniques[19] et même tous les débats spécialisés, empêchant la transparence, la démocratie (et plus encore la démocratie directe), la participation des citoyens aux décisions, leur autonomie et les choix fondés sur des critères éthiques[20].

lité de la technique : Jacques Ellul, *La Technique ou l'enjeu du siècle*, Paris, A. Colin, 1954 ; *L'Illusion politique*, Paris, R. Laffont, 1965, notamment p. 41-51 ; *Exégèse des nouveaux lieux communs,* Paris, Calmann-Levy, 1966, notamment p. 121-130, 222-235 ; *Autopsie de la révolution*, Paris Calmann-Levy, 1969 ; *De la Révolution aux révoltes*, Paris, Calmann-Levy, 1972, notamment p. 317-323 ; Le *Système technicien*, Paris, Calmann Levy, 1977 ; *L'Empire du non sens*, Paris, PUF, 1980 ; « Rôle de la persuasion dans une société technicienne », *Ecologie*, 346, 3ᵉ semestre 1982, p. 43-46. « Au coeur de l'informatique : alternatives et incertitudes », *Ecologie,* 347, novembre 1982, p. 30-31 ; *Le Bluff technologique*, Paris, Hachette, 1988.

19. C'est une des principales critiques faites au programme nucléaire. Voir, par exemple, Pierre Samuel, *Le Nucléaire en question*s : entretien avec Claude-Marie Vadrot, Paris, Entente, 1977, p. 88-100, 109-111 ; M. Bosquet, *Ecologie et politique*, Paris, Seuil, 1978 (deuxième édition augmentée et remaniée de l'édition de 1975), notamment, p. 111-114, 117-124.

20. Voir Amis de la Terre, « Destination : écosociété », *art. cité* ; Aujourd'hui l'écologie, *op. cit.*, p. 169-155. De ce point de vue, le discours écologiste n'est pas très éloigné des analyses de J. Habermas et notamment de son modèle « pragmatique » qui, par opposition au modèle décisionniste et technocratique, fait communiquer, de manière réciproque, politiciens et experts sans que les uns prennent le pas sur les autres (ce qui ne se réduit pas à une simple collusion technocrates-politiciens, également dénoncée par les écologistes : voir, par exemple, Brice Lalonde, « Un projet écologiste pour l'économie française », *Combat-nature*, novembre-décembre 1982, p. 12-14 (14)) et, surtout, redonne à l'opinion et au débat public un rôle essentiel. Voir Jurgens Habermas, *La Technique et la science comme « idéologie »*, Paris, Gallimard, 1973, notamment, p. 97-113 (trad. de *Technik und Wissenschaft als « Idéologie »*, Frankfurt am Main, Shurkamp, 1958).

Par là même, les critiques de l'Etat, des institutions, des partis, de la technocratie[21], de la science, de la technique, des outils, de la professionnalisation, de la spécialisation et des spécialistes, du concept même d'expertise, d'expert, (dont la légitimité est contestée), de la compétence[22], sont étroitement liées[23], au nom de la défense de la société civile et de l'autonomie des individus[24].

21. La technocratie fut, un long moment, considérée par les écologistes comme leur adversaire principal. Sur la critique de la technocratie, voir, notamment, Yves Lenoir, *Technocratie française*, Paris, Pauvert, 1977 ; Brice Lalonde, « Du catastrophisme au projet », *La Baleine,* décembre 1979, janvier 1980 p. 8-12 ; « Club de la presse », *Europe 1,* 30 novembre 1981 ; Les Verts, *Texte d'orientation, op. cit.* ; La critique de la technocratie est cohérente avec la volonté de réduire où de faire disparaître l'Etat dans la mesure ou c'est largement l'existence de celle-là qui fonde l'autonomie de celui-ci (même si la double critique écologiste ne suppose pas qu'elle ait forcément conscience du lien). Voir, Pierre Birnbaum, *Les Sommets de l'Etat,* Paris, Seuil, 1977 ; *La Logique de l'Etat,* Paris, Fayard, 1982, chap. 2 ; Bertrand Badie, Pierre Birnbaum, *Sociologie de l'Etat,* Paris, Grasset, 1979.

22. Mouvement d'écologie politique, MEP, *op. cit.,* p. 17, Aujourd'hui l'écologie, *op. cit.,* p. 163-164 ; M. Bosquet, *Ecologie et politique,* 1978, *op. cit.,* p. 113, 221-223. Pour une critique de ces concepts par des intellectuels politiques proches du mouvement écologiste, voir aussi, B. Charbonneau, *Le Système et le chaos, op. cit.,* notamment, p. 33-48, 143-144, 227-229 et J. Ellul, « La classe politique », *art. cité* ; *Le Bluff technologique, op. cit.,* chap. 6.

23. Ces liens sont, d'ailleurs, parfois esquissés par les écologistes eux-mêmes : voir, par exemple, B. Lalonde, « Du catastrophisme au projet », *art. cité* ; p. 9, ou par leurs intellectuels prophétiques : voir, par exemple, M. Bosquet, *Ecologie et liberté, op. cit.,* p. 47-90). Il est particulièrement perçu dans la lutte antinucléaire : voir, notamment, P. Samuel, *Le Nucléaire en questions, op. cit.,* p. 109-111. Si le discours écologiste relie particulièrement ces différentes critiques, on retrouve pourtant, déjà, avant son apparition, quelques analyses de ce type. En particulier chez Jacques Ellul, inspirateur du mouvement, qui attire l'attention sur les liens entre développement de la technique et croissance de l'Etat et relie la mise en question de la technique, de l'Etat, de la société de consommation, de la bureaucratie et leur emprise croissante sur l'individu : voir notamment : J. Ellul, *La Technique, ou l'enjeu du siècle, op. cit.,* p. 314-323. et *Le Système technicien, op. cit.,* par exemple, p. 322-323.

24. Mouvement d'écologie politique, MEP, *op. cit.* ; Aujourd'hui l'écologie, *op. cit.,* p. 163-164. Pour une critique de ces concepts par des intellectuels prophétiques proches des mouvements écologiques, voir aussi, B. Charbonneau, *Le système et le chaos, op. cit.,* notamment, p. 43-48. 143-144, 227-229 ; M. Bosquet, *Ecologie et politique,* 1978, *op. cit.,* p. 113 et 221-223 ; J. Ellul, « La classe politique », *art. cité* ; *Le Bluff*

II. – Sources

On peut identifier quatre sources intellectuelles, essentielles de l'écologisme.

Les sociétés de protection de la nature apportent des préoccupations limitées à ce qui constitue leur objet. L'écologie scientifique exerce une influence plus importante. Elle donne au nouveau courant d'idées son côté scientiste qui lui est parfois reproché[25], son ciment, mais aussi, parfois, son dogmatisme. La transposition et l'application des concepts d'écologie scientifique à la société et à la politique ne se font pourtant pas sans erreurs ni sans ambiguïtés[26]. C'est sur cette origine scientifique que s'appuient certains pour tenter de démontrer le caractère prophétique et d'explication globale du monde de l'écologisme[27].

technologique, chap. 6,. *op. cit.* En ce sens, le refus de la compétence par les écologistes renvoie aussi à leur rejet des décisions et de l'autorité de type légal-rationnel dont la légitimité repose, comme on le sait, sur la compétence de l'autorité constituée, le caractère impersonnel de son contenu et des régles qui les orientent (cf. M. Weber, *Economie et société,* *op. cit.,* p. 219-231).

25. Voir, par exemple, Jean-Philippe Faivret, Jean-Louis Missika, Dominique Wollton, *L'Illusion écologique,* Paris, Seuil, 1980.

26. Ainsi, le refus de « toute une hiérarchie de structure » pour le motif que « les systèmes d'êtres vivants ne procèdent pas ainsi pour prospérer » (Pierre Samuel (coordinateur), *Les Ecologistes présentés par eux-mêmes,* Verviers, Marabout, 1977, p. 25) n'est pas scientifiquement fondé. On sait, en effet, que certaines sociétés animales, telles celles des loups, fourmis, cerfs... connaissent une hiérarchie assez stricte dans leur mode de fonctionnement. Voir Karl von Frisch, *Vie et moeurs des abeilles,* Paris, A. Michel, 1955 (Trad.. de *Aus dem Leben der Bienen,* Berlin, Springer-Verlag, 1953) et Konrad Lorenz, *Il Parlait avec les mammifères,* *les oiseaux et les poissons,* Paris, Flammarion, 1968, p. 59-108, (trad. de : *Er redete mit Dem vich, dem Vögeln und den Fischen,* Wien, Boreta-Scholler, 1956), qui ont, l'un pour les abeilles, l'autre pour les choucas des tours *(Corvus Monudela)* bien mis en évidence cette hiérarchisation entre individus d'une même espèce animale. Pour d'autres exemples, de cette pseudo-transposition scientifique, voir B. Lalonde, « Court traité imagé sur les écologies », *art. cité* ; Roland de Miller, *Nature mon amour,* Paris, Debord, 1980.

27. Voir, par exemple, B. Lalonde, « Court traité imagé sur les écologies », *art. cité* ; Y. Cochet, *Quel avenir pour les Verts ?, op. cit.,* p. 12-13. Mais la volonté d'extraire une idéologie de cette science est dénoncée par certains. Voir, par exemple, Pierre Samuel, « Une nouvelle manière de faire de l'écologie », *Combat-nature,* 46, août-septembre 1981, p. 15-

Une branche de cette source intellectuelle, qui n'est plus vraiment de l'écologie scientifique à proprement parler mais de la vulgarisation écologique à tonalité dramatique[28], se joint à des travaux d'économistes de même tonalité[29] pour conférer à l'écologisme son caractère d'urgence, de prophétie et d'irréversible nécessité, voire, là aussi, pour lui conférer son ciment[30].

Enfin, la contestation sociale de la fin des années soixante et sa remise en cause corrélative de l'ordre social et culturel existant fournissent des apports importants, avec des auteurs comme Illich[31] ou Marcuse[32].

16 (15) et « Ecologie et idéologie », *Combat-nature*, 56, mai-juin 1983, p. 14-15.

28. Voir, par exemple, la littérature, notamment américaine, traduite en français : Rachel L. Carson, *Printemps silencieux,* Paris, Plon, 1962 (trad. de : *Silent Spring,* Boston, Houghton Mifflin, 1962) ; Barry Commoner, *Quelle terre laisserons-nous à nos enfants ?,* Paris, Seuil, 1969 (trad. de : *Science and Survival,* New York, Viking Press, 1968) ; Gordon Rattray Taylor, *Le Jugement dernier,* Paris, Calmann-Lévy, 1970 (trad. de : *The Doomsday Book,* London, Thames and Hudson, 1970) ; René Dubos, Barbara Ward (eds.), *Nous n'avons qu'une terre,* Paris, Denoël, 1972 (trad. de : *Only one Earth*, New York, Norton, 1972 ; Edward Goldmith et *alli*, *Changer ou disparaître*, Paris, Fayard, 1972 (trad. de : *A. Blueprint for survival*, London, Tom Stacey, 1972) ; ou la littérature française elle-même : Jean Dorst, *Avant que nature meure,* Paris Delachaux et Niestlé, 1969 ; R. Dumont, *L'Utopie ou la mort !*, *op. cit.* ; Edouard Bonnefous, *L'Homme ou la nature !,* Paris, Hachette, 1970 ; Roger Heim, *L'Angoisse de l'an 2000 : quand la nature aura passé, l'homme la suivra,* Paris, Fondation Singer-Polignac, 1973 ; Nicolas Skrotzky, *La Nature n'en peut plus,* Paris, la Documentation française, 1971 ; Philippe Diolé, *Lettre ouverte au Président de la République sur la mort des Français,* Paris, Grasset, 1975 ; Claude-Marie Vadrot, *Mort de la méditerranée,* Paris, Seuil, 1977...

29. Voir, par exemple, Philippe Saint-Marc, *Socialisation de la nature,* Paris, Stock, 1971 ; Denis .H. Meadow et *alli* ; *The Limits to Growth,* New York, Universe Book, 1972.

30. A titre d'exemple, on peut citer la réaction de René Dumont : « En 1972, ayant lu *Halte à la croissance,* j'ai reçu un coup au cœur parce que jusque là je défendais des thèses partielles : lutte contre l'érosion, pour la fumure organique et surtout contre la menace de la famine du tiers monde [...] J'aperçois à ce moment mieux l'ampleur des menaces qui ne sont pas seulement alimentaires [...] mais aussi énergétiques, atmosphériques, aquatiques, etc. » R. Dumont, *Seule une ecologie socialiste..., op. cit.,* p. 276. Voir aussi R. Dumont, *L'Utopie ou la mort !, op. cit.,* p.10.

31. Avec, entre autres, sa critique des outils et de leur taille (notamment école, système de santé...). Voir : Ivan Illich, *Libérer l'avenir.* Paris, Seuil, 1971 (trad. de : *Celebration of Awarness :* New-York, Doubleleday,

La combinaison de ces quatre types d'apports et de sources n'est pas sans poser problème. On peut mettre en rapport l'inaboutissement de la synthèse de ces courants, l'inachèvement de l'amalgame de ces apports, d'origines très diverses, avec les défauts de cohérence où le caractère parfois composite et hétérogène de la thématique écologiste.

III. – Caractère composite et parfois contradictoire

De fait, la thématique écologiste n'est pas exempte de contradictions internes. On peut, à titre d'exemple, en relever quelques-unes.

Comme on l'a vu, les écologistes mettent en avant un désir d'autonomie au niveau individuel, local et même national, et un refus des contraintes liées aux échanges internationaux, ce qui les conduit à revendiquer une certaine autarcie[33]. Or, celle-ci suppose des mesures protectionnistes, donc une intervention accrue de l'Etat, dont, les écologistes veulent, au contraire,

---

1970) ; *Une Société sans école,* Paris, Seuil, 1971 (trad. de : *Descholing Society*, New York, Harper and Row, 1971 ; *La Convivialité,* Paris, Seuil, 1973 (trad. de : *Tools for conviviality,* New York, Harper and Row, 1973) ; *Nemesis medicale*, Seuil, 1975 (trad. de : *Medical Nemesis :* London, Calder and Boyars, 1975).

32. Qui dénonce notamment la production de biens superflus, la publicité, la double aliénation de l'homme en tant que consommateur et que producteur, le « surtravail » non nécessaire pour les besoins réels, la perte du sens de l'esthétique... Voir, notamment, Herbert Marcuse, *L'Homme unidimensionnel. Essai sur l'idéologie de la société industrielle avancée,* Paris, Minuit, 1968 (Trad. de *One – dimensional Man. Studies in the ideology of advanced industrial society,* Boston, Beacon Press, 1964) ; *Vers la Libération.* Paris, Minuit, 1969 (trad. de : *An Essay on Liberation,* Boston, Beacon Press, 1969).

33. Voir, par exemple, Amis de la Terre, « Destination : écosociété, « *art. cité ;* Aujourd'hui l'écologie, *op. cit.,* p. 142-143 ; R. Commandeur, « Réinventer l'économie », *art. cité ;* François Degans, « Economie. Hop, la crise ! », *Le Feu vert,* 3, mars 1984, p. 5-8 ; Jean-Pierre Georges, « Variante... », *Le Feu vert,* 3, mars 1984, p. 5-8 ; Antoine Waechter, « Choisissons notre progrès », *Combat-nature,* 80, février 1988, p. 12-15 ; B. Charbonneau, *Le Feu vert, op. cit.,* p.116, 193 et suivantes.

diminuer le rôle. Vont également à l'encontre de cette volonté, leurs souhaits d'interventionnisme social et de renforcement des structures administratives, du poids politique et des pouvoirs du ministère de l'environnement. De même, les écologistes réclament, depuis longtemps, une décentralisation maximale dont on sait pourtant qu'elle peut rendre plus difficile la conduite d'une politique de protection de la nature et de l'environnement[34], en faveur de laquelle milite, cependant, depuis toujours, le mouvement vert. Dans le même ordre d'idées, il est paradoxal qu'un mouvement se réclamant de l'écologie et de l'écosystème et qui, sur le plan national, insiste autant sur le thème du local et du régional, régionalise aussi peu son discours et son programme[35].

Enfin, les écologistes se prévalent d'une discipline, l'écologie, qui est la science du maintien de l'équilibre naturel et peut inciter au conservatisme (cf. la « conservation de la nature »). Or, ils s'affirment parfois révolutionnaires et veulent transformer la société[36], dans certains cas explicitement au nom même de cette science[37].

34. La protection de sites et d'espaces d'intérêt général sur le plan national peut se révéler sans intérêt sur le plan communal ou d'un intérêt moindre que la destruction ou transformation du lieu. Seul l'Etat peut donc imposer, à partir du centre, des mesures de protection qui, justifiées sur le plan national, ne le paraissent pas toujours à la périphérie.

35. Même lors d'élections régionales. Pour un exemple, voir le cas de la liste écologiste dans le Jura, en mars 1986, analysé par Philippe Plas, « Une volonté en quête d'objet : discours politique et région en Franche-comté », in P. Perrineau, *Régions : le baptême des urnes, op. cit.,* p. 113-129.

36. « C'est une candidature révolutionnaire. Il ne s'agit pas de changer la société mais de changer de société » déclare René Dumont *in* René Dumont, « Il ne s'agit pas de changer la société mais de changer de société », *Le Sauvage,* 13, mai 1974, p. 7-8. (8) ; Pierre Fournier parle d'une « révolution seule capable d'imposer le passage inéluctable d'une économie de croissance et d'exploitation à une croissance d'équilibre et de partage », Pierre Fournier, *Y' en a plus pour longtemps,* Paris, Ed. du Square, 1975, *op. cit.,* p.136 ; Voir aussi, B. Charbonneau, *Le Feu vert, op. cit.,* p. 151 ; Jean-Luc Burgunder, « Ecologie d'événements en événements », *Ecologie,* 1, juin-juillet 1975, p. 3-11 (voir, notamment, p. 7, 9-11).

37. Voir, par exemple, R. de Miller, *op. cit.,* p. 112.

De plus, s'appuyant sur celle-ci, ils poussent néanmoins des cris d'alarme pour l'avenir, et en tirent des principes d'organisation de la société[38]. Mais, dans le même temps, ils dénoncent la science comme savoir hégémonique, aboutissant à une compétence de spécialistes et récusant les jugements fondés sur des choix éthiques. Cela les porte à critiquer aussi bien la maîtrise scientifique de la nature que la gestion scientifique du politique et à s'opposer aux courants de pensée visant à subordonner le politique et les hommes politiques à la technique, aux techniciens compétents[39] et donc aux technocrates.

IV. – Les programmes et leur évolution

De 1974 à 1989, des propositions de René Dumont à celles des *Verts cp* pour les dernières élections européennes, les programmes des écologistes ont évolué selon trois axes. Un premier axe d'extension programmatique les conduit à développer leurs analyses et propositions dans d'autres domaines que ceux du point de départ, mais aussi à approfondir celles-ci, à les rendre plus concrètes et moins « négatives ». Cette tendance, continue depuis quinze ans, reste inachevée. Un second axe concerne la place respective accordée aux questions d'environnement au sens large (protection de la nature et des ressources naturelles, transports, pollution, agriculture, démographie, énergie...), terrain initial du programme. Un dernier axe renvoie à la modération ou à la radicalisation des différents programmes. Dans les

38. « Nous nous refusons [à nous doter de toute une hiérarchie de structures] car nous savons que ce sont là des modes de fonctionnement artificiels et parasitaires et que les systèmes d'êtres vivants ne procèdent pas ainsi pour vivre et prospérer » peut-on, par exemple, lire dans P. Samuel, *Les Écologistes présentés par eux-mêmes, op. cit.*, p. 25. Voir aussi, B. Lalonde, « Court traité imagé sur les écologies », *art. cité ;* R. de Miller, *op. cit.*, p. 112.

39. Sur ce courant d'idées, dont Saint-Simon est le précurseur (Claude-Henri de Saint-Simon, *Œuvres de Saint-Simon et d'Enfantin,* vol. 23, Paris, Dentu, 1869, p. 90-91), voir, par exemple, Jean Barets, *la Fin des politiques,* Paris, Calmann-Lévy, 1962.

faits, les tendances des deux derniers axes sont inversement proportionnelles, c'est-à-dire qu'à une phase de radicalisation correspond un amenuisement de la place accordée aux questions d'environnement et dépendent, partiellement au moins, du poids respectif et relatif des différentes factions au sein du mouvement, selon les époques.

1. **1974.** – En 1974, la campagne de René Dumont est essentiellement axée sur les thèmes de destruction de la nature et des ressources naturelles, de surpopulation, d'urbanisation (sujets originels du mouvement écologiste). Elle aborde également le pillage du Tiers-monde[40] et, de manière plus timide et plus vague, la décentralisation, l'énergie solaire, la bureaucratisation...[41]

Par rapport à ce point de départ, on peut, ensuite, grossièrement distinguer deux phases dans l'évolution du programme écologiste.

2. **1975-1986.** – Durant la première phase, de 1975 à 1986 (à l'exception de la campagne d'*Europe-écologie*, en 1979, de tonalité modérée et très « environnementaliste »), la part des questions d'environnement régresse de manière relative au bénéfice des questions économiques, sociales, institutionnelles mais aussi énergétiques et, corrélativement, les propositions se radicalisent quelque peu. Ainsi, en 1981, parmi les douze « mesures d'urgence », présentées par *Aujourd'hui l'écologie*, entre les deux tours de l'élection présidentielle, aucune ne concerne directement l'environnement,

40. Ce thème est à rapprocher de la spécialisation professionnelle de René Dumont qui, avant de devenir le candidat des écologistes, était un agronome spécialiste des pays en voie de développement et auteur d'une quarantaine d'ouvrages sur le sujet. Voir, notamment, René Dumont, *L'Afrique noire est mal partie,* Paris, Seuil, 1962 ; René Dumont, Bernard Rosier, *Nous Allons à la famine*, Paris, Seuil, 1966.

41. Voir René Dumont, *La Campagne de René Dumont et du mouvement écologique*, Paris, Pauvert, 1974, p. 28 et suivantes.

tandis que la moitié figurent dans le programme socialiste de 1981. A l'intérieur de cette phase, on peut également distinguer deux sous-phases. Entre 1976 et 1981, l'accent est progressivement et prioritairement mis sur les aspects institutionnels (libertés locales, libertés publiques, cumul des mandats, mode de scrutin, décentralisation...) dont la part relative culmine en 1981 ; ce qui n'est pas sans lien avec le poids, à cette époque, dans la mouvance écologiste et l'élaboration des programmes, de la tendance la plus institutionnaliste du mouvement : *Les Amis de la Terre*, dont est notamment issu le candidat écologiste de 1981. Après 1981 et surtout à partir de 1983, avec le recentrage associatif des *Amis de la Terre* et la structuration progressive des autres composantes du mouvement, puis, avec la création des *Verts cp* en 1984, l'accent est davantage placé sur les questions économiques, sociales et de sécurité internationale (ce qui correspond aussi aux préoccupations dominantes du moment).

Ainsi, en 1984, *Les Verts cp* développent quelque peu, par rapport à 1979, les aspects spécifiquement européens de leur programme et insistent davantage sur les questions d'économie et de pacifisme[42]. La campagne électorale de 1986, outre l'importance donnée aux régions (ce qui peut s'expliquer, partiellement au moins, par la nature de l'une des deux élections), se structure autour de quatre thèmes : environnement, emploi (partage du travail, réorientation de l'économie), défense et immigrés[43].

Ainsi, à partir d'un programme essentiellement axé, au départ, sur les questions de ressources naturelles, l'accent est-il davantage mis, au fur et à mesure des

---

42. Les Verts-Europe écologie, « *Et si nous aussi parlions de liberté...* » s.l., s.n., 2 p., 1984 ; Didier Anger, « Les Verts Europe-écologie », *Ecologie*, 356, 2ᵉ trimestre, 1984, p. 37-38, 34 (28, 34).
43. Les Verts, « Vous êtes écologistes. Le saviez-vous ? », encart dans *Ecologie*, 369, janvier-février 1986, p. 9-12.

consultations (et selon l'influence des différentes tendances du mouvement), sur la politique énergétique puis, sur les aspects institutionnels et de libertés publiques et, enfin, sur les questions économiques, sociales et de défense. Outre que chacun de ces domaines est rarement analysé à fond, on voit bien que leur addition ne permet pas d'affirmer que les écologistes ont réussi à élaborer un programme complet, une *Weltanschauung*. Leurs revendications, leur thématique restent très partielles et très typées.

Cette caractéristique est d'ailleurs perçue par l'opinion publique qui, malgré les efforts des écologistes pour se doter d'un programme de plus en plus complet, persiste à ne leur accorder qu'une crédibilité sectorielle sur les questions d'environnement. Or, pour se pérenniser et augmenter leurs scores électoraux, il leur faudrait, précisément, sortir de cette crédibilité spécifique et convaincre l'opinion qu'ils peuvent représenter d'autres questions et prendre en charge d'autres aspirations, notamment celles prioritaires dans la période[44]. Faute de parvenir à étendre le champ de leur crédibilité, les écologistes restent, ainsi, à la merci d'un traitement efficace par les grands partis – ou d'un déclin – des thèmes sur lesquels ils paraissent crédibles et/ou d'une montée, dans la hiérarchie des préoccupations de l'opinion, des thèmes sur lesquels ils ne le semblent pas – ou le semblent moins. Surtout, ils s'empêchent peut-être ainsi de parvenir à constituer et à proposer à l'électeur une alternative globale et crédible.

Après plus de quinze ans d'élaboration et de formulation de programmes, la thématique écologiste, malgré certains efforts et progrès de concrétisation, de précision et de proposition, demeure souvent constituée d'un dis-

44. Sur la question de la crédibilité, voir Gérard Grunberg, Florence Haegel, Béatrice Roy, « La bataille pour la crédibilité : partis et opinions », *in* Elisabeth Dupoirier, Gérard Grunberg, *Mars 1986 : la drôle de défaite de la gauche*, Paris, PUF, 1986, p. 117-135.

cours général, partiel, imprécis et peu concret, qui ne saurait apparaître comme l'alternative globale et crédible, capable de séduire l'ensemble de l'électorat. Un fond commun de thèmes est ressorti (plus ou moins retravaillé) à chaque élection, et pas toujours adapté à l'enjeu du moment. Ainsi, les programmes sont-ils presque les mêmes pour les élections présidentielles, législatives et municipales. Les élections européennes ne donnent pas lieu à la formulation d'un programme proprement européen. Et, alors que *Les Verts cp* mettent sans cesse en avant le thème de la région, leur discours paraît très peu régionalisé, même lors des élections régionales de 1986[45].

En 1984, et surtout en 1986, les points relatifs à l'environnement sont ainsi réduits à la portion congrue dans les programmes des *Verts cp*[46]. De plus, le contenu même des points relatifs à l'environnement se modifie pour perdre la spécificité qui les caractérisait jusque là. C'est ainsi que la principale mesure réclamée en ce domaine en 1986, comme en 1988, encore, est la création d'un grand ministère de l'environnement[47]. Dans le secteur de leur première spécificité, de leur plus forte crédibilité, de leur originalité, le programme des *Verts cp* en vient donc à se résumer pratiquement à celui des autres courants politiques[48].

Par ailleurs, on peut alors observer un glissement d'idéologie d'un moralisme de la nature (protection de la nature, préservation des ressources naturelles, catas-

45. Si l'on prend l'exemple de la liste *Jura-écologie*, 70 % des textes constituent un discours à portée nationale, tandis que 30% seulement sont consacrés aux questions régionales ; ce qui fait des *Verts cp* la formation accordant le moins de place à ces questions lors de cette élection. Voir P. Plas, *op. cit.*

46. Les Verts-Europe-écologie, *op. cit.* ; D. Anger ; « Les Verts Europe écologie », *art. cité* ; Les Verts, « Vous êtes écologistes. Le saviez-vous ? », *op. cit.*

47. Les Verts, « Vous êtes écologistes. Le saviez-vous ? », *op. cit.*

48. Ce souhait d'un grand ministère de l'environnement est affirmé, au même moment, par exemple, par Michel Rocard (voir, *Le Cœur à l'ouvrage*, Paris, Odile Jacob, 1987, p. 246) et par Raymond Barre.

trophisme...), vers un moralisme des droits de l'homme, de l'antiracisme, de l'anticolonialisme, de l'égalité sociale...

Les premiers programmes des *Verts cp* sont donc très proches de ceux de la gauche. Comme en 1981, on retrouve nombre de propositions défendues par celle-ci, depuis longtemps, dans les programmes de 1984 (« une économie de justice sociale basée sur le respect des identités, des races, des sexes, des exclus : (chômeurs, quart-monde). » ; défense des libertés et des droits de l'homme[49], et de 1986 (réduction massive générale et largement compensée du temps de travail : « plus grande justice dans la hiérarchie des revenus », déplafonnement des charges sociales, immigration...)[50].

3. **Depuis 1986.** – Suite à l'adoption, en novembre 1986, de la motion « Affirmer l'identité politique des écologistes », présentée par Antoine Waechter, un renversement de tendance s'opère, dès 1987, et se confirme davantage en 1988 puis, en 1989.

Cet infléchissement se traduit d'une part, par une relative modération programmatique et d'autre part, par un certain recentrage sur les thèmes d'origine, même s'ils sont « retravaillés ». Il ne s'agit pourtant pas d'un repli sur un strict environnementalisme.

A) *Une relative modération programmatique.* – Concernant le nucléaire, les cinq points prioritaires « mis en avant », entre les deux tours de l'élection présidentielle de 1988, par Antoine Waechter, ne prévoient que « l'abandon définitif du surgénérateur de Creys-Malville » et « l'arrêt de la construction de nouvelles centrales nucléaires », au lieu de « l'arrêt de l'industrie

49. Les Verts-Europe-écologie, *op. cit.* ; Jean-Louis Vidal « L'Ecologie, le pouvoir, les droits de l'être humain » *Combat-nature*, 62, numéro spécial, juin 1984, p. 23. Sur ce thème, voir aussi, pour les années antérieures, Aujourd'hui l'écologie, *op. cit.*, p. 279-285.
50. Les Verts, « Vous êtes écologiste. Le saviez-vous ? », *op. cit.*

nucléaire » en 1981. Durant la campagne pour les européennes, en juin 1989, la tête de liste des *Verts cp* se
déclare favorable au maintien du service national et de
la défense conventionnelle[51]. La modération programmatique est aussi symbolisée par le choix de nouvelles
couleurs et de nouvelles affiches, comme celle de 1987
sur le racisme qui, évitant le vert, joue sur le bleu, blanc,
rouge. De même, dans leur programme pour les européennes de 1989 *Les Verts cp* déclarent-ils explicitement
accepter l'économie de marché, la rationalité économique et la réalisation de gains de productivité[52].

B) *Un recentrage sur les thèmes d'origine.*
   a) L'environnement. – Dès l'été 1987, l'élaboration
des grands thèmes du projet présidentiel s'organise,
selon le candidat, « autour de la nécessité de sauver la
vie sur la planète, notamment en dégageant la société
des risques technologiques (nucléaire) et en reconstrui-
sant la vie partout où elle a été détruite ou altérée ». Le
thème de la vie, de la préservation et de la sauvegarde
de la vie qui était déjà l'idée centrale de la campagne
de René Dumont revient donc, quatorze ans plus tard,
au premier plan. Alors que les douze « mesures
d'urgence » de 1981 ne s'appliquaient pas directement
à l'environnement, les cinq « points prioritaires » de
1988 réclament, explicitement, un ministère de l'environnement, placé auprès du Premier ministre et chargé
de généraliser la voiture propre dès 1989, de faire disparaître les CFC et de mettre en place une législation relative à la protection des paysages ruraux et urbains et à
la gestion de l'espace[53].

   51. Antoine Waechter, « Grand-Jury » RTL – *Le Monde*,
11 juin 1989.
   52. Les Verts, *Les Verts et l'Europe*, Paris, s.n., mai 1989, p. 17.
   53. Sur le programme de 1988, outre les cinq « points prioritaires »,
voir, Antoine Waechter, *Profession de foi pour l'élection présidentielle
du 24 avril 1988*, s.l., s.n., 4 p., 1988, p. 4 ; « Choisissons notre progrès »,
art. cité ; Les Verts, *Antoine Waechter, le candidat écologiste*, dépliant
6 p., 1988.

La tendance s'accentue encore en 1989, la ligne « autonome » ayant été confortée par les relatifs succès électoraux d'avril, de juin et de septembre 1988. Ainsi, un tiers du programme pour les européennes et la moitié des onze dossiers thématiques constitués à cette occasion sont consacrés aux questions d'environnement. Sont ainsi réclamés ou proposés : l'avènement de la voiture propre, la protection des nappes d'eau souterraines, la maîtrise de l'urbanisation, la création d'une législation européenne de protection des paysages, des milieux naturels et des espaces de valeur internationale, la réhabilitation de la mer du Nord et de la Méditerranée, la valorisation des déchets, la réduction du transport routier, la priorité au rail, aux voies d'eau et aux transports collectifs, la généralisation des limitations de vitesse, de l'utilisation de l'essence sans plomb et du pot catalytique, le développement de l'agriculture biologique, « l'extensification » des terrains à faible productivité...[54]

Néanmoins, ce recentrage sur le thème d'origine (qui n'est pas sans lien d'une part, avec le recentrage politique de novembre 1986 d'autre part, avec la formation et l'activité professionnelle d'Antoine Waechter, candidat en 1988 et tête de liste en 1989)[55] ne se résume pas à un simple retour aux thèmes d'origine, délaissés depuis la fin des années soixante-dix. Certaines questions d'environnement mobilisées sont neuves. Le recentrage est également justifié par la nature nouvelle des questions d'environnement de la fin des années quatre-vingts, par rapport à celles des années soixante-dix. Il prend en compte cette nouveauté et, loin de se contenter d'un simple retour aux thèmes d'environnement, « re-problématise » les questions en fonction de leur nature neuve et de la nouvelle urgence qui, au-delà d'un éventuel recentrage politique, peuvent, effectivement,

54. Les Verts, *Les Verts et l'Europe, op. cit.*
55. Le livre d'Antoine Waechter, *Dessine moi une planète,* Paris, Albin Michel, 1990, publié fin 1990, est aussi assez caractéristique de l'accent privilégié sur les thèmes d'environnement.

légitimement justifier qu'ils redeviennent centraux dans le projet politique des *Verts cp*.

Ainsi, en 1989, deux concepts apparaissent essentiels dans le discours et le programme des *Verts cp*. Le premier est celui de « crise écologique » qui revient comme un leitmotiv dans les prestations médiatiques du candidat et dans les tracts et programmes du mouvement[56]. Ce concept permet de regrouper et d'articuler toutes les critiques que *Les Verts cp* apportent au mode de développement industriel, coupable d'aboutir à cette « crise écologique » qui, selon eux, recouvre la disparition des forêts tropicales, la destruction de la couche d'ozone autant que la misère du Tiers-Monde, les risques accumulés par la technologie, l'émergence d'une nouvelle pauvreté, l'affaiblissement des identités régionales, l'abandon des campagnes...

Ce concept permet, tout à la fois, de rassembler en un tout cohérent, en une vision globale, l'ensemble des maux dénoncés par *Les Verts cp* et de faire de la résorption de cette « crise écologique » le pivot central, l'axe fondamental de leur programme. Par exemple, dans le domaine économique, la proposition essentielle tient dans l'idée que toute politique économique doit avoir pour priorité absolue la recherche de solutions à la « crise écologique ». Ainsi posé, le concept de « crise écologique » possède un pouvoir explicatif de la situation et un pouvoir de légitimation d'un discours, d'un projet, peut-être aussi important que le concept de « crise économique », à la fin des années soixante-dix.

Le second concept est celui de « développement soutenable ». L'idée et le terme (*sustainable* en anglais ; soit acceptable, moralement, et durable, dans le temps, en français) sont tirés du rapport Bruntland[57] (même s'ils correspondent, par ailleurs, au fond de la thémati-

---

56. Voir notamment, *Ibid.* ; A. Waechter, « Grand Jury » RTL-*Le Monde, op. cit.*
57. Commission mondiale de l'environnement et du développement, *Notre Avenir à tous,* Genève, CMED, 1987.

que écologiste) qui, rédigé sous les auspices de la plus légitime des organisations internationales et d'un futur Premier ministre norvégien, vient, à la fin des années quatre-vingts, légitimer la démarche écologiste et donc la crédibiliser.

Le projet de « développement soutenable » se révèle extrêmement fécond puisqu'il est porteur d'une nouvelle conception de l'intérêt général et de la citoyenneté. En effet, le développement soutenable se définit comme :
- compatible avec les équilibres écologiques (n'impliquant pas un épuisement des ressources) ;
- accessible à l'ensemble des peuples et permettant un renforcement des solidarités ;
- prenant en compte les besoins des générations futures[58].

Ainsi, sont esquissées les bases et la philosophie d'un nouveau mode de développement, au sens premier du terme, qui recouvre à la fois les aspects économiques, spirituels, sociaux...

Ainsi restructuré, ainsi charpenté, ainsi doté de deux nouveaux concepts heuristiques et d'une réelle fécondité, le projet écologiste dispose des outils nécessaires pour montrer, à nouveau, après l'éclipse du début des années quatre-vingts, son originalité et sa spécificité.

b) L'énergie et le nucléaire. – Représentant déjà deux des cinq « points prioritaires » de 1988 (arrêt des essais nucléaires de Mururoa ; abandon du surgénérateur et arrêt de la construction de nouvelles centrales nucléaires) le retour au premier plan du thème antinucléaire est accentué en 1989 tant dans la place qu'il occupe que dans son nouveau durcissement. Le programme pour les européennes réclame « l'abandon du nucléaire », « une sortie commune du nucléaire », le développement des économies d'énergie et de l'autoproduction d'électricité, une tarification favorable aux

---

58. Les Verts, *Les Verts et l'Europe, op. cit.*

énergies renouvelables, l'arrêt des essais nucléaires français et l'abandon de l'armement nucléaire[59].

c) *Limites du recentrage et poursuite de l'extension programmatique.*– Ce recentrage sur les thèmes d'origine et cette relative modération programmatique ne correspondent pas, pour autant, à un repli total sur un environnementalisme frileux. Les autres aspects traditionnels des programmes écologistes demeurent plus ou moins présents.

Ainsi, outre la création d'un ministère de l'environnement puissant, l'arrêt des essais nucléaires, de la construction de nouvelles centrales et de celle de Creys-Malville, les cinq « points prioritaires » de 1988 réclament toujours l'introduction du référendum d'initiative populaire et proposent la mise en place d'un revenu social garanti. Diverses prises de position, après 1986, permettent, par exemple, aux *Verts cp* de rappeler leur appui aux grévistes de la faim d'*Action directe*, aux Palestiniens et aux indépendantistes corses, guadeloupéens et kanaks en soutenant, notamment, l'action de désobéissance civile de ces derniers[60].

En mars 1989, le projet municipal des *Verts cp* réclame, outre la protection de l'environnement et la qualité de l'urbanisme, davantage de démocratie locale avec, en particulier, le droit de vote et d'éligibilité pour les immigrés.

En mai, le programme pour les élections européennes considère que : « L'écologisme vise à la meilleure auto-organisation possible du genre humain dans le respect de la justice sociale et de la prudence écologique. »[61] Sont synthétisés, dans cette phrase, les trois axes majeurs de la pensée écologiste : 1) la réalisation et l'approfondissement d'une démocratie participative, libertaire ;

59. *Ibid.,*p. 26-27.
60. Voir, notamment, *Vert-contact,* n° 61, 21 au 27 février 1988 ; *Vert-contact,* n° 75, 29 mai au 4 juin 1988.
61. Les Verts, *Les Verts et l'Europe, op. cit.,* p. 33.

2) la justice et la solidarité sociale ; 3) le respect des équilibres écologiques.

Précisément, dans le cadre de l'Europe, *Les Verts cp* identifient trois enjeux fondamentaux auxquels leur programme tente de répondre[62].

1) Construire un développement « soutenable ».

2) Reconstruire les solidarités. Ce qui suppose le partage du travail et des revenus : réduction du temps de travail à 35 heures, négociée par branche d'activité, sans compensation salariale, sauf pour les plus bas revenus, ce qui permettrait le resserrement de la grille des salaires ; harmonisation des protections sociales sur la base des réalisations les plus avancées en Europe et à partir d'un partage des ressources entre régions riches et régions pauvres.

3) Développer une démocratie européenne sur la base des diversités nationales et régionales (refuser le marché unique qui ne vise que les capitaux et risque de conduire au démantèlement des réglementations écologiques et sociales et donc à un nivellement par le bas du social ; accorder des pouvoirs législatifs au Parlement européen; construire l'Europe des régions : celles-ci conçues comme les espaces adéquats de participation politique, économique et culturelle, doivent êtres dotées du pouvoir réglementaire et renoncer à leur excès de spécialisation productive pour accroître leur autonomie).

Sur le plan international, le programme réaffirme son opposition aux essais nucléaires français, prône l'abandon des programmes Leclerc, Hadès, Rafale, le démantèlement de la brigade franco-allemande, le désarmement (notamment nucléaire), le retrait de l'Alliance atlantique et souhaite soustraire l'Europe à l'influence des deux blocs. Le meilleur moyen pour l'Europe d'accroître sa sécurité résiderait dans le développement de son autonomie économique et sa capacité à produire

---

62. *Ibid.*, p. 13 et suivantes.

sur place ce dont elle a besoin ; ce qui va de pair avec un refus réaffirmé de la division internationale du travail et avec l'acceptation d'un certain protectionnisme, si nécessaire[63].

L'exposé de ce dernier programme – le plus récent – montre qu'en dépit d'efforts incontestables, pour développer des propositions positives, au détriment de la dimension critique, pour élaborer un discours plus concret et, enfin, pour étendre les analyses et programmes à des domaines non abordés auparavant, le programme des *Verts cp* demeure incomplet et imprécis.

63. *Ibid.*, p. 30-32.

Chapitre IV

ACTEURS

I. – L'électorat

1. Mesure et évolution générale. – Le tableau 4 indique l'évolution des résultats obtenus par les écologistes depuis leur apparition sur la scène électorale. La présentation, par les média, des résultats écologistes en pourcentage des suffrages exprimés, est couramment biaisée, pour toutes les élections ne se déroulant pas dans le cadre d'une circonscription unique (élections présidentielles, européennes). En effet, il est particulièrement pernicieux de calculer des pourcentages nationaux pour des courants politiques qui ne présentent pas des candidats dans chaque circonscription, même si l'absence effective de candidats peut trahir une faiblesse réelle d'un mouvement qui ne parvient pas à nationaliser ses présences. Toutefois, ces absences peuvent aussi être décidées pour des raisons stratégiques. Quoi qu'il en soit, pour apprécier le score réel d'une force qui, lors d'élections à circonscriptions multiples, ne présente pas de candidats partout, il faut, soit comparer dans une même circonscription, les scores obtenus par ladite force avec ceux qu'elle y a obtenus précédemment (tout en tenant éventuellement compte du différentiel d'offre politique, ou même d'enjeu, dans le cas de scrutins de nature différente) soit, sur le plan national, rapporter le nombre de votes exprimés en sa faveur au total des suffrages exprimés dans les circonscriptions où la force est candidate. C'est cette seconde opération qui est ici accomplie et intégrée dans le tableau. Les résultats ainsi exprimés permettent d'une part, de mesurer à chaque fois l'effet de biais induit par le calcul d'un pourcentage sur l'ensemble des circonscriptions et d'autre part, de mieux apprécier l'évolution réelle du score des écologistes entre les différents scrutins.

Il est ainsi possible d'observer des tendances cycliques, tenant à la nature du scrutin et des tendances à

Tableau 4. – Evolution des résultats électoraux des écologistes depuis 1974.

	1974 Présidentielles	1977 Municipales	1978 Législatives	1979 Européennes	1979 Cantonales	1981 Présidentielles	1981 Législatives	1982 Cantonales	1983 Municipales
Nombre suffrages	337 800	270 000	621 100	888 134	49 885	1 126 254	270 792	55 589	147 884
% s.e.	1,32	3,2	2,14	4,38	0,47	3,87	1,1	0,44	0,58
% s.e. dans les circ. où les candidats écologistes sont présents	1,32	9	4,7	4,38		3,87	3,3		
Nombre de présences	–	≈ 1 500 candidats dans 130 circ.	220	–	80	–	167	177	
Nombre d'élus	0	≈ 100	0	0	0	0	0	0	757

	1984 Européennes	1985 Cantonales	1986 Législatives	1986 Régionales	1988 Présidentielles	1988 Législatives	1988 Cantonales	1989 Municipales	1989 Européennes
Nombre suffrages	680 080	91 581	393 041	658 949	1 149 642	77 795	145 804	353 416	1 919 797
% s.e.	3,37 (+ E.r.e.: 3,31)	0,79	1,20	2,40	3,78	0,32	1,63	1,47	10,6
% s.e. dans les circ. où les candidats écologistes sont présents	3,37 (+ E.r.e.: 3,31)	4,8	2,74	3,48	3,78	4,81	6,8	8,1 (villes > 9 000 h.)	10,6
Nombre de présences	–	80	30 listes	48 listes 3 (dont 3 verts) + 2 par changement d'étiquette ensuite	–	42 (dont 14 verts)	–	1369 (dont ≈ 600 verts)	–
Nombre d'élus	0	2	0	0	0	0	1		9

plus long terme, tenant au déclin ou au renforcement du courant politique lui-même. En ce qui concerne le premier point, les écologistes obtiennent généralement de moins bons scores aux élections législatives (1978, 1981, 1986), et cela quel que soit le mode de scrutin, qu'aux élections locales et européennes, à enjeu modéré. Les présidentielles représentent un cas à part, puisque l'élection n'est guère probable au premier tour. En ce qui concerne le second point, quatre phases peuvent être distinguées : progression de 1974 à 1977 ; stagnation de 1978 à 1981 ; déclin de 1981 à 1986 ; nouvelle progression depuis 1988. L'accélération de cette dernière tendance, également sensible pour les adhésions en 1988 et 1989, a conduit les écologistes, outre l'élection de 1369 conseillers municipaux (environ 600 sont effectivement adhérents aux *Verts cp*) à faire leur entrée, pour la première fois dans une assemblée autre que locale ou régionale : le Parlement européen.

Toutefois, il convient de noter que – si l'on excepte quelques infléchissements qui s'apparentent plus à des ajustements qu'à des bouleversements – cette évolution n'a pas fondamentalement modifié la structure du vote vert, que ce soit en termes de géographie électorale, de sociographie ou d'orientation idéologique.

2. **Géographie électorale.** – La géographie du vote vert est quasiment fixée dès 1974 et la prestation électorale de René Dumont. Par la suite, elle n'évolue que par petites touches. Ainsi, dès cette époque, les plus mauvaises zones se trouvent au centre de l'hexagone (Auvergne, Limousin, Centre), tandis que les meilleures sont Paris et la région parisienne.

Par rapport à cette géographie originelle, deux types d'évolution sont à noter. D'une part, une évolution de longue durée qui voit, entre 1974 et 1986, se renforcer le déclin dans le sud (notamment en Provence – Côte d'Azur et Midi-Pyrénées) et la progression dans le nord (et notamment en Alsace, Lorraine, Franche-Comté et

Basse-Normandie). En 1986, tous les bons départements pour les écologistes sont situés au nord-est d'une ligne Saint-Malo-Valence. A l'inverse, se dessine un vaste quadrilatère Laval-Chartres-Nîmes-Hendaye .dont ils sont pratiquement absents (Champagne-Ardennes, Poitou-Charentes, Aquitaine, Corse, Centre, Limousin, Auvergne...).

D'autre part, on doit remarquer des évolutions moins linéaires, accidentelles ou plus récentes. Parmi les premières, on peut citer la région parisienne où alternent déclins : après 1974 et après 1981, et progressions : en 1981 et 1989, ou bien le Midi qui connaît une progression éphémère en 1978. Parmi les secondes, on peut signaler la progression de la Corse au second rang régional en juin 1989 : 15,5 % (évolution probablement due, en partie au moins, à la présence de Max Simeoni, en position éligible sur la liste des *Verts cp*). Parmi les troisièmes, il faut noter la progression de la Bretagne depuis 1988.

En 1989, lors des scrutins de mars et de juin, le fait marquant est une incontestable progression de la nationalisation des *Verts cp*, dans leurs présences comme dans leurs résultats ; ils obtiennent des résultats honorables, voire bons, dans des régions qui leur étaient jusqu'à présent défavorables ou dont ils étaient absents. Ainsi, totalement inexistants en 1986 dans les régions Aquitaine et Poitou-Charentes, *Les Verts cp* y sont représentés en mars 1989, et parfois avec de bons scores : (Bordeaux : 8,1 % ; Pau : 5,7 % ; Talence : 10,1 % ; Agen : 7,7 % ; Villeneuve-sur-Lot : 7 % ; Gradignan : 10,8 % ; Orthez : 16,2 % ; Poitiers : 11 % ; La Rochelle : 10,5 % ; Royan : 5,6 %). De même, ils obtiennent parfois de bons résultats aux municipales de 1989 dans des régions où ils ne présentaient aucune liste pour les législatives de 1986. C'est le cas en Bourgogne (Tournus : 8,6 %), dans le Centre (Tours : 8 % ; Bourges : 9,2 % ; Montargis : 6,2 %), en Auvergne (Clermont-Ferrand : 6,3 % ; Le Puy : 17,4 % ; Riom : 8,8 % ; Beaumont :

12,1 % ; Gannat : 10,2 %), dans le Limousin (Limoges : 11,1 %), dans les Pays de Loire (Nantes : 4,5 % ; Le Mans : 4,8 % ; Saint-Nazaire : 11,1 % ; Cholet : 13,5 % ; Laval : 6,7 % ; Orvault : 11,2 % ; Fontenay-le-Comte : 7,1 %).

Le cas le plus spectaculaire est probablement celui de la Bretagne où, en 1986, *Les Verts cp* présentent des listes régionales dont les scores, médiocres, n'atteignent jamais 5 % des suffrages exprimés et aucune liste législative. Or, en mars et juin 1989, la Bretagne est l'une des régions où ils obtiennent leurs meilleurs résultats : (Rennes : 14 % ; Brest : 6,1 % ; Lorient : 15,1 % puis 20,4 % ; Quimper : 14,5 % puis 13,5 % ; Saint-Brieuc : 14,6 % puis 22,2 % ; Vitré : 9,3 % ; Redon : 6,1 % ; Vannes : 13,6 % puis 21,3 % ; Pornic : 16,5 % ; Plougastel-Daoulas : 23,3 % ; Plouzané : 20,8 % ; Plonéour-Lanverm : 15,3 %).

Néanmoins, à ces exceptions près, la géographie traditionnelle du vote vert ne varie guère. Les régions les moins favorables en termes de résultats (ou de présence en mars) restent le centre et le centre-ouest d'une part (Centre, Limousin, Auvergne), le sud d'autre part (Languedoc, Roussillon, Provence, Alpes-Côte d'Azur). A l'inverse, et depuis les années soixante-dix[1], les meilleures régions sont, d'abord, l'Alsace et la Basse-Normandie (les deux seules régions où ils obtiennent, en 1986, des élus régionaux) rattrapées, il est vrai, par la Bretagne en 1989. Suivent le reste de la France de l'Est (Franche-Comté, Lorraine et région Rhône-Alpes : particulièrement sa partie nord) puis l'Ile-de-France. Cette hiérarchie est d'ailleurs, *grosso modo*, déjà celle du vote Waechter en avril 1988, où l'on trouve, en tête, l'Alsace (+ de 9 % des suffrages exprimés), la Franche-Comté,

1. Sur la géographie électorale du vote écologiste dans les années soixante-dix, voir Elisabeth Dupoirier, Jérôme Jaffré, *Le Vote écologiste (1974-1979)*, communication à la journée d'études « Ecologisme et politique », Paris, Association française de science politique, 25 septembre 1980.

puis la Lorraine, la Bretagne, la Basse-Normandie et Rhône-Alpes ; dans ces régions les scores dépassent 4 %, soit plus que la moyenne nationale d'Antoine Waechter.

Avec moins de netteté qu'en 1986, la carte des présences et des succès verts en 1989 continue donc à dessiner une écologie périphérique, une écologie des frontières qui, en dehors de la région parisienne, privilégie l'est, l'ouest, puis le nord et le sud, délaissant relativement le centre du pays.

3. **Caractéristiques sociologiques.** – Dès les années soixante-dix, l'électorat écologiste (tableau 5) se caractérise prioritairement par sa jeunesse, son très haut niveau d'instruction, son appartenance aux couches moyennes (et notamment aux fractions du secteur non directement productif : art, enseignement, santé, travail social, étudiants...) et ses revenus, également moyens, voire aisés[2]. Rien ici de très spécifique à la France, puisqu'il s'agit du profil social classique de ce type de mouvement, tel qu'il fut dessiné, dès 1968, à propos du pacifisme par Parkin[3].

4. **Orientations politiques et idéologiques.**

A) *Positions politiques.* – En ce qui concerne ses orientations politiques, l'électorat écologiste se distingue, dès les années soixante-dix, par un refus original et massif du choix entre gauche et droite. Cela se traduit, lors du second tour des scrutins dont les candidats écologistes ont été éliminés, par un taux d'abstention supérieur à celui des autres électorats.

2. Jacques Capdevielle et *alli*, *France de gauche vote à droite*, Paris, Presses de la Fondation nationale des sciences politiques, 1981 ; Daniel Boy, « Le vote écologiste en 1978 », *Revue française de science politique*, vol 31, n° 2, avril 1981, p. 394-416.
3. Franck Parkin, *Middle Class Radicalism. The Social Bases of the British Campaign for Nuclear Disarmement*, Manchester, Manchester University Press, 1968.

De même, les électeurs verts sont-ils plus nombreux que d'autres à juger le clivage gauche-droite désormais dépourvu de sens, d'où un refus plus fréquent de se positionner en quelque emplacement de l'axe gauche-droite que ce soit ou un positionnement fréquent en son centre (centre droite et centre gauche inclus). Ce dernier comportement est parfois interprété comme un centrisme caché ou un centrisme de substitution. Sans en avoir l'air, les électeurs verts seraient ainsi de faux ou de vrais centristes. Cette hypothèse semble séduisante, surtout lorsqu'on sait qu'un phénomène de glissement à gauche se produit souvent dans ce type de classement et que les écologistes se placent davantage au centre gauche et à gauche (soit au centre et au centre gauche) que les centristes qui, eux, se placent plutôt au centre et au centre droite (soit au centre droite et à droite). Ainsi, les écologistes seraient-ils, plus que des centristes en fait de centre droite, les vrais centristes, les plus au centre de tout l'électorat français[4]. Pourtant, il est permis de douter que les positions centristes affichées par les électeurs écologistes soient vraiment, pour la majorité de ceux-ci, des positions centristes. Il pourrait plutôt s'agir de positions centrales, médianes, voire « ailleurs », et donc pas forcément centristes.

En effet, si les électeurs écologistes sont attirés par des réponses centristes ou centrales, ils sont aussi relativement plus nombreux que dans d'autres électorats à refuser de se situer sur un axe gauche-droite, même en son centre. Or, on sait que le choix de positions centrales est le fait de deux types d'individus : les vrais centristes affichant, à la fois, une compétence et un intérêt politique et des positions politiques clairement centristes et aussi « le marais » composé de personnes s'intéressant peu ou pas à la politique et/ou éprouvant un sentiment d'incompréhension vis-à-vis de la politique, attitude d'autant plus fréquente que le niveau d'études est moins

4. J. Capdevielle et *alli*, *op. cit.*, p. 257-259.

Tableau 5. — Sociographie comparée et évolution des caractéristiques de l'électorat écologiste.

	Elections européennes 1989[1]						Elections législatives 1978[2]
	Liste Parti communiste	Liste Parti socialiste	Liste Mouvement écologiste	Liste centriste	Liste UDF-RPR	Liste Front national	Eco-logistes
	100 %	100 %	100 %	100 %	100 %	100 %	100 %
Sexe							
– Homme	52	52	**49**	43	45	57	48
– Femme	48	48	**51**	57	55	43	52
Age							
– 18 à 24 ans	15	8	**15**	18	10	9	27
– 25 à 34 ans	9	20	**31**	16	12	12	25
– 35 à 49 ans	21	30	**29**	21	22	26	25
– 50 à 64 ans	33	23	**17**	34	27	33	15
– 65 ans et plus	22	19	**8**	11	29	20	7
Profession de l'interviewé							
– Agriculteur	0	2	**2**	4	10	1	4
– Artisan, commerçant, industriel	2	2	**4**	7	6	7	5
– Cadre, profession intellectuelle	2	5	**8**	4	5	5	12
– Profession intermédiaire	11	16	**18**	8	12	14	21
– Employé	22	16	**18**	8	12	14	12
– Ouvrier	17	13	**10**	4	5	14	9
– Inactif, retraité	46	46	**37**	54	56	52	38
Niveau d'instruction							
– Primaire	45	39	**22**	26	41	40	14
– Secondaire	19	18	**23**	19	19	23	22
– Technique ou commercial	23	20	**21**	19	22	20	30

— Moins de 3 000 F	5	5	6	7	4		
— De 3 001 à 5 000 F	13	14	8	5	17	11	
— De 5 001 à 7 500 F	24	20	19	14	18	15	
— De 7 501 à 10 000 F	20	20	19	19	16	22	
— De 10 001 à 15 000 F	22	20	22	21	15	13	
— De 15 001 à 20 000 F	6	11	9	12	8	11	
— Plus de 20 000 F	4	4	9	9	8	9	
— Sans réponse	6	6	8	13	14	10	
Religion							
— Catholique pratiquant régulier	2	8	7	26	32	24	⎤ 23
— Catholique pratiquant occassionnel	0	15	14	23	21	17	⎦
— Catholique non pratiquant	42	56	56	37	39	46	43
— Autre religion	2	2	3	5	5	1	7
— Sans religion	54	19	20	9	3	12	25
Classement sur l'axe gauche/droite							
— Extrême gauche	74	24	12	2	1	1	6
— Gauche	20	62	43	10	4	10	34
— Centre	4	12	28	45	15	11	36
— Droite	0	0	12	34	58	17	16
— Extrême droite	2	1	2	6	21	61	0
— Sans réponse (ou refus)	0	1	3	3	1	0	8
Famille politique							
— Extrême gauche	74	24	12	2	1	1	
— Gauche	20	62	43	11	4	10	
— Centre	4	9	14	30	9	6	
— Droite	0	0	12	34	58	17	
— Extrême droite	2	1	2	6	21	61	
— « Marais »	0	4	17	17	7	5	

1. Enquête SOFRES, post-électorale, du 21 juin au 1er juillet 1989 (n = 2 000).
2. Enquête SOFRES-FNSP, du 20 au 30 mars 1978 (n = 4 507).

élevé. Ce deuxième type de population représente également la très grosse majorité des personnes qui refusent de se situer sur l'axe[5]. Or, tous les indicateurs démontrent que les écologistes, dont le niveau d'études moyen ainsi que l'intérêt et la compétence pour la politique sont très élevés, ne font pas partie de cette population. Comme ils refusent aussi, plus souvent que d'autres, de choisir une position politique, même quand une position centrale ou centriste leur est proposée, on peut en conclure que ce ne sont pas, non plus, de vrais centristes.

Reste donc une troisième hypothèse selon laquelle le positionnement au centre reflèterait non pas un centrisme politique (ni une incompétence et un désintérêt politique) mais le refus, par des personnes compétentes, de cet axe et de ce qu'il représente : le système politique, le champ politique, les partis politiques, les hommes politiques, le langage politique... En un paradoxe qui ne serait qu'apparent, ces refus et donc le rejet de l'axe gauche-droite conduiraient, néanmoins, à se situer sur cet axe mais dans sa position la moins située, dans un emplacement central et non centriste, en son point le plus neutre, en celui qui concède le moins à la gauche et à la droite mais aussi au champ politique tout entier, en une position qui oblige le moins à se positionner sur l'axe. Loin de refléter un réel centrisme, cette position centrale serait, en fait, une expression du refus de l'axe dans sa totalité, du système politique et des partis qui lui sont liés, des hommes qu'il secrète, des solutions qu'il propose ou qu'il ne propose pas, notamment dans ce qui touche, le plus quotidiennement et le plus directement, au cadre de vie de chacun.

Le centrisme politique ne serait alors qu'un centrisme subi, il ne serait que l'expression « forcée » en termes de positionnement politique d'un rejet du système politi-

5. Emeric Deutsch, Denis Lindon, Pierre Weil, *Les Familles politiques dans la France d'aujourd'hui,* Paris, Minuit, 1966. C'est aussi la majeure partie des abstentionnistes : Alain Lancelot, *L'Abstentionnisme électoral en France,* Paris, A. Colin, 1968.

que et des institutions qui ne peut s'incarner dans aucun des points de sa dimension gauche-droite, qui, parce qu'elle fait partie de celui-ci est, comme telle, rejetée, en même temps que lui.

Le report, généralement plus favorable à la gauche au second tour (mais pas toujours : en 1978, il s'effectue pour 38 % à gauche et 44 % à droite)[6], peut également s'interpréter selon le même schéma. En effet, d'une part, le refus de choisir, et donc l'abstention, s'élèvent en l'absence de candidat écologiste et dans une situation où ne subsistent que la gauche et la droite. D'autre part, le choix vers la droite ou vers la gauche n'est, dans ce cas de figure, qu'un choix subi, contraint, forcé, face à une offre politique réduite, fruste.

B) *Positions idéologiques.* – On a coutume de diviser en deux types les positions idéologiques : d'une part, celles qui sont liées à la dimension gauche-droite et aux valeurs du mouvement ouvrier (nationalisations, privatisations, droit de grève, libertés syndicales, inégalités sociales, liberté d'entreprendre...) et d'autre part, les valeurs socio-culturelles (contraception, IVG, justice, éducation des enfants, homosexualité, permissivité, drogue...).

A la fin des années soixante-dix, l'électorat écologiste se caractérise par une situation différenciée selon ces deux types de valeurs. Concernant les premières, il affiche des positions modérées, centrales, parfois les plus centrales parmi les différents électorats. Concernant les secondes, il affiche, au contraire, comme les électeurs du PSU, des positions libertaires, extrémistes, permissives, et souvent les plus permissives, parmi tous les électorats.

---

6. D. Boy, *art. cité*, p. 397 ; Dans le même sens, voir J. Capdevielle et *alli, op. cit.*, p. 261-278.

5. L'électorat vert à la fin des années quatre-vingt : permanence et infléchissements. – En termes de provenance politique, le renouvellement électoral des *Verts cp*, semble, dès 1988 et même dès 1986 et 1984, provenir de la gauche socialiste mais aussi de l'extrême gauche. Ainsi, alors que 4 % seulement des électeurs verts de 1986 ont voté PS en 1984, 32 % ont voté F. Mitterrand au premier tour des présidentielles de 1981, contre 21 %, seulement, B. Lalonde (BVA, 19 avril 1986). 44 % des électeurs d'Antoine Waechter en avril 1988 ont voté socialiste en mars 1986 (contre 20 % écologiste) et 26 % ont voté F. Mitterrand en avril 1981, contre 25 %, seulement, B. Lalonde. 39 % des électeurs de la liste verte en juin 1989 (CSA, ssu, 24 avril 1988) ont voté F. Mitterrand au premier tour des présidentielles de 1988, contre 29 %, seulement, A. Waechter (BVA, ssu, 18 juin 1989). Autrement dit, le passage d'électeurs socialistes aux *Verts cp* semble avoir lieu, dès 1986, voire 1984, date qui correspond, et à l'unification des écologistes en une seule et même structure, et à un début d'insatisfaction d'une fraction de l'électorat socialiste face à un recentrage de l'action gouvernementale puis, semble s'accélérer dès avril 1988.

Ainsi, le nombre d'électeurs socialistes qui passent aux *Verts cp* augmente-t-il de 5 % (du vote PS de 1986) à 12 % (du vote F. Mitterrand d'avril 1988), en juin 1989 (BVA, ssu, 18 juin 1989). Et le rapport entre la proportion d'électeurs verts votant auparavant déjà écologiste et ceux votant socialiste tend à se réduire, passant de 25 % et 4 % en avril 1988, par rapport à avril 1981 ; à 20 % et 6 % en avril 1988, par rapport à mars 1986 ; puis à 29 % et 12 % en juin 1989, par rapport à avril 1988.

En juin 1989, la liste verte qui conserve l'essentiel de l'électorat Waechter de 1988 (76 %), peut atteindre 10,6 % des suffrages exprimés grâce au soutien de 12 % des électeurs de F. Mitterrand mais aussi de 22 % des électeurs de P. Boussel + P. Juquin + A. Laguiller, de

8 % des électeurs d'A. Lajoinie, 5 % des électeurs de R. Barre, 2 % de ceux de J. Chirac, 3 % de ceux de J.M. Le Pen, en avril 1988. Sur 100 électeurs verts, seuls 28 avaient voté A. Waechter en 1988 et 48 avaient voté pour un candidat de gauche ou d'extrême gauche (BVA, ssu 18 juin 1989). Et sur 100 nouveaux électeurs verts, 72 % ont voté F. Mitterrand en avril 1988, 11 % plus à gauche et 16 % à droite (IFOP, ssu, 18 juin 1988).

Du fait de cet infléchissement quant à l'appartenance sociale et la provenance politique, l'écologisme se résume, moins que jamais, à un centrisme et prend, au contraire, progressivement, les dimensions d'une véritable alternative. Toutefois, à ces infléchissements près, les structures du vote vert restent analogues à celles des années soixante-dix. Il s'agit toujours d'un électorat jeune, à niveau d'instruction très élevé et au sein duquel prédominent les catégories intermédiaires (notamment les salariés du secteur public), les catholiques non pratiquants et les revenus aisés. De même, retrouve-t-on toujours la même permissivité à propos des valeurs socio-culturelles et des positions plus modérées en ce qui concerne les valeurs du mouvement ouvrier. L'évolution du niveau de l'électorat vert ne semble donc pas fondamentalement modifier sa structure et l'augmentation du vote écologiste s'effectue, avant tout, en 1989, dans les catégories qui lui sont traditionnellement les plus favorables.

6. **Une structuration qui reste relative.** – L'électorat vert semble moins fidèle, moins stable et moins affilié que d'autres, n'ayant pas « toujours » voté ainsi (19 % contre 45 % en juin 1989). Ainsi décide-t-il de l'orientation de son vote plus tard que les autres électorats et souvent au dernier moment, quelques jours seulement avant la date de l'élection (17 % contre 13 % en 1989 ; 21 % contre 8 % en 1986), voire le jour même (13 % contre 10 % en juin 1989, 27 % contre 6 % en 1986) (IFOP, ssu, 18 juin 1989 ; Louis Harris, ssu, 6 mars 1986). De même, les électeurs verts sont-ils beaucoup moins

nombreux à déclarer une préférence partisane, même pour le « mouvement écologiste », que les électeurs de droite ou de gauche.

Néanmoins, le vote vert n'est pas totalement volatil. S'il s'est révélé assez fluctuant entre 1981 et 1986, il fait preuve d'une relative stabilité entre 1978 et 1981 et depuis 1988. Ainsi, les corrélations entre les scores obtenus par les écologistes aux différentes élections sont-elles de : • 65 entre 1979 et 1978, • 71 entre 1981 (présidentielles) et 1979, • 62 entre 1981 (présidentielles) et 1978), • 60 entre 1981 (législatives) et 1978, • 53 entre juin 1981 (législatives) et avril 1981 (présidentielles)[7]. Elles chutent à • 24 entre 1986 (législatives) et 1984, le taux d'électeurs mobiles, chez *Les Verts cp,* étant alors de • 86, c'est-à-dire le plus fort taux après les divers droites. La corrélation remonte à • 54 entre 1989 (municipales) et 1984, • 58 entre 1989 (municipales) et 1988 (présidentielles) et à • 76 entre 1989 (européennes) et 1988 (présidentielles)[8].

Ainsi, l'électorat vert, tout en étant beaucoup plus volatil que celui de la gauche, de la droite ou du *Front national* (corrélations de • 93 entre juin 1989 et 1988 et de • 95 entre juin 1989 et 1984) fait tout de même preuve d'une relative, et peut-être progressive, structuration.

Cette volatilité, encore supérieure à celle des autres électorats, est, sans conteste, une faiblesse pour *Les Verts cp* qui doivent, s'ils veulent régulariser leur niveau électoral, trouver les moyens de fidéliser les électeurs et de se les affilier durablement. Toutefois, la tâche paraît ardue, tant ceux-ci semblent appartenir à ce nouveau type d'électorat, plus rationnel, plus individualiste, plus instable, plus distant des partis et se décidant davan-

7. Daniel Boy, Elisabeth Dupoirier, « Le poids des petits candidats », *in* Alain Lancelot (études réunies par), *1981 : Les élections de l'alternance,* Paris, Presses de la Fondation nationale des sciences politiques, 1986, p. 197-226 (211-212).

8. Elisabeth Dupoirier, « Chassés-croisés électoraux », *in* E. Dupoirier, G. Grunberg, *Mars 1986, op. cit.,* p. 167-188 (170-172).

tage selon les questions du moment qu'en fonction d'affiliations partisanes stables[9].

II. – Les adhérents

1. **Nombre.** – D'une manière générale, les partis politiques français comptent très peu de membres et possèdent donc un ratio adhérents/électeurs faible. Les effectifs des *Verts cp* sont, eux, très maigres. On peut les évaluer à 1 500, à leur création, en 1984. Ils ne varient guère jusqu'au début de 1986, alors que le chiffre de 5 000 était espéré à cette date. Entre novembre 1986 et avril 1988, les effectifs semblent évoluer entre 1 000 et 1 500, selon les estimations. En novembre 1988, ils augmentent à près de 2 000, puis à 3 000 en juin 1989 et à environ 5 000, en 1990.

2. **Caractéristiques.** – L'accentuation des caractéristiques de sélection sociale au sein des hiérarchies partisanes est un phénomène connu. *Les Verts cp* n'échappent pas à la règle (tableau 6). Ainsi, leurs adhérents sont-ils plus masculins (70 %), proviennent-ils plus souvent de catégories sociales favorisées (classes moyennes et supérieures) et moins souvent de classes populaires que leurs électeurs. Ils disposent également de revenus supérieurs et d'un niveau de diplôme plus élevé. Mais ils sont aussi plus réticents à se positionner sur l'axe gauche-droite, s'abstiennent plus souvent que les électeurs en cas de second tour binaire gauche-droite. En

9. Sur la volatilité croissante de l'électorat français et l'application à la France des théories du comportement électoral rationnel ou individualiste, voir, notamment, Gérard Grunberg, « L'instabilité du comportement électoral », *in*, Daniel Gaxie (sous la direction de), *Explication du vote*, Paris, Presses de la Fondation nationale de sciences politiques, 1989 p. 418-446. (1ʳᵉ ed. : 1985) ; Georges Lavau, « L'électeur devient-il l'individualiste ? », *in* P. Birnbaum, J. Leca (sous la direction de), *op. cit.*, p. 301-329.

Tableau 6. – Evolution des caractéristiques des électeurs aux dirigeants.

	Electeurs 1989 (n = 2 000[1]) %	Adhérents 1989 (n = 361[2]) %	Candidats juin 1989 (n = 81)	Candidats juin 1989 %	Dirigeants 1989 (n = 78 (1989))	Dirigeants 1989 et 1984 %
Sexe						
F	51	27	34	42	17	22
H	49	70	47	58	57	78
SR		3			4	
Age *(Dirigeants : n = 76 (1984))*						
<20	⎱ 15	⎱ 10	0		0	
20-24	⎰	⎰	0		2	2,6
25-34	31	34	20	25	23	30,2
35-49	29	38	43	53	33	43,4
50-64	17	13	14	17	16	21
>65	8	3	4	5	0	
SR		2			2	2,6
CSP						
Ind.			6	7,4	2	2,6
PL	⎱ 8	⎱ 35	7	8,6	7	9,2
CS	⎰	⎰	7 ⎱ 47	8,6 ⎱ 58	2 ⎱ 44	2,6 ⎱ 57,5
Ingénieurs			8	9,8	10	13,1
Prof. sup. + chercheurs					11	14,4
Prof. secondaire			13	15,9	12	15,8
Prof. info. arts, spectacle			7	8,6		
Prof. intermédiaire, santé et travail social			10	12,3	9	11,8
CM	⎱ 43	⎱ 43,6	⎱ 23	⎱ 28,4	⎱ 22	⎱ 28,7
Instituteurs	21	22	1	1,2	4	5,2
Techniciens			3	3,7	2	2,6
Employés	18	9	3	3,7	2	2,6
Petits commerçants/artisans (+ Ind.)	4	5	3	3,7	4	5,2
					1	1,3
Ouvriers	10	4	0	0	1	1,3
Agriculteurs	2	2	1	1,2	2	2,6
Mère de famille/au foyer	⎱ 37		3	3,7	2	2,6
Etudiants	⎰		0		2	2,6
Autres + retraités + sans			6	7,4	2	2,6

Niveau d'études

Primaire	22	3	3	4
Secondaire	23	19	12	15,7
Techn./Commercial	21	12		
Etudes sup.	34	60	59	77,6
Revenu				
> 15 000	18	26	6	7,1
10 000-15 000	22	26	13	17,1
7 500-10 000	19	19	19	25
5 000-7 500	19	14	15	19,7
< 5 000	14	3	10	13,1
SR			13	17,1
Religion				
Catholique	77	34	38	50
Autre religion	3	9	4	6,5
Sans religion	20	54	33	43,4
Pratique religieuse		n = 400³		
Régulière	7	10,3	⎱ 11 (NP)	14,5
De temps en temps	14	5,5	⎰	
Rarement et jamais	56 (CNP)	34,3	31 (NP)	40,5
Axe G-D				
EG	⎱ 12	3	3	4
G	⎰	9	8	10,5
CG	43	15	7	9,2
C	28	17	8	10,5
CD		2	0	0
D	12		0	0
ED	2	0	0	
Refus, SR	3	54	42	65,8
Vote 2ᵉ tour	(BVA, 1989)⁴			
G	69	50	50	65,7
D	13	3	1	1,3
Abst. SR	18	47	26	33

¹ Enquête SOFRES, post-électorale, du 21 juin ou 1er juillet 1989 (n = 2 000), *op. cit.*

² Enquête SOFRES auprès des participants à l'AG des 18 et 19 novembre 1989 (n = 361).

³ Enquête A. Roche, *Vert-contact*, juin-octobre 1989 (n = 400).

⁴ Enquêtes BVA, effectuées du 2 au 5 mai 1989 (n = 1939) et du 15 au 20 mai 1989 (n = 2 052).

outre, dans les deux cas, ils choisissent encore moins souvent la droite que les électeurs[10].

Par ailleurs, il est remarquable de constater que les adhérents et sympathisants, appliquant à leur propre vie le discours du mouvement, semblent mettre en œuvre des pratiques alternatives. Ainsi, par rapport à la moyenne des Français, font-ils moins d'enfants, vivent-ils moins souvent dans les grandes villes de plus de 50 000 habitants (30 % contre 50 % des Français), sont-ils très souvent membres d'associations de protection de la nature (presque 1 sur 2) et utilisent-ils souvent les médecines douces (5,7 % seulement n'en utilisent jamais ; les deux tiers y recourant toujours ou souvent), le papier recyclé et les produits d'alimentation biologique (65,5 % tous les jours ou souvent). A l'inverse, ils sont nombreux à ne pas consommer de produits surgelés (61,9 %) ou en conserves (68,6 %) et, souvent, ne possèdent pas la télévision (21,9 % contre 7,6 % des foyers français).

En ce qui concerne les choix politiques, on peut observer une évolution récente et une nette graduation – anciens adhérents – nouveaux adhérents-sympathisants, pour la proximité avec la gauche classique. Les simples sympathisants choisissent plus souvent la gauche en cas de second tour binaire ou lorsqu'il s'agit de se positionner sur l'axe (62 %) alors que les anciens adhérents sont les plus nombreux à voter blanc, à s'abstenir ou à refuser de se situer dans ces circonstances (43 % seulement se situant à gauche). En outre, les nouveaux adhérents pensent avoir adhéré surtout pour des motivations de protection de la nature, tandis que les anciens semblent davantage mûs par des motivations antinucléaires[11].

10. Agnès Roche, « Qui sont les Verts », *Vert-contact*, 133, 25 novembre au 14 décembre 1989, p. 1 ; Enquête SOFRES, auprès des participants à l'AG des 18 et 19 novembre 1989.

11. Agnès Roche, « Résultats du questionnaire sur les Verts », supplément à *Vert-contact*, 136, 23 décembre 1989 au 5 janvier 1990.

III. – Les dirigeants

Les théories, aujourd'hui dominantes, des élites partisanes mettent l'accent sur l'inéluctabilité d'un fait oligarchique, même au sein des partis qui se veulent les plus démocratiques[12] et sur la progressive – et désormais irréversible ? – professionnalisation de ces élites[13]. De fait, le personnel politique français présente depuis longtemps ces caractéristiques d'élite sociale et intellectuelle et s'est progressivement professionnalisé dans l'activité politique. Plus récemment, ces professionnels de la politique, au sens traditionnel, weberien, se sont vu peu à peu remplacés par des professionnels de l'Etat : les « intellectuels technocrates ».

Or, le mouvement de remise en cause de la différenciation du politique, de la politique professionnelle et de la dépossession corrélative des non professionnels (notamment par les intellectuels technocrates), de l'autonomisation de l'Etat et du politique par rapport à la société civile, dont apparaît ou se prétend porteur l'écologisme attaque, de manière frontale, cette double évolution.

1. **Caractéristiques sociales.** – Dans les faits, l'élite verte semble à la fois assez proche des élites partisanes classiques par certains traits et assez éloignée d'elles par d'autres caractéristiques. Ainsi, malgré un discours d'égalité des sexes et d'indéniables efforts pour promouvoir les femmes parmi les candidats et les dirigeants, l'élite verte reste peu féminine : 15 femmes sur 76 dirigeants en 1984 ; 17 sur 74 en 1989. Comme c'est le cas dans tous les partis politiques, les couches populaires sont sous-représentées, voire quasiment absentes de l'élite écologiste (un seul dirigeant en 1984), tandis que les catégories moyennes et supérieures y sont sur-repré-

---

12. R. Michels, *op. cit.*
13. M. Weber, *Le Savant et le politique, op. cit.* ; Joseph Schumpeter, *Capitalisme, socialisme et démocratie*, Paris, Payot, 1967, (trad. de *Capitalism, Socialism and Democracy*, New York, Harper, 1942).

sentées, notamment celles qui peuvent disposer librement d'une partie au moins de leur temps (ici les enseignants). Non dépourvus de « ressources sociales », les dirigeants écologistes sont aussi dotés d'un solide bagage culturel. Sur 76, 6 seulement ont un niveau d'études primaires, contre 12 pour le secondaire et 55 pour le supérieur. Les dirigeants écologistes ont donc effectué des études plus élevées que, par exemple, les dirigeants socialistes. Au delà du niveau de diplôme, les professions du pôle intellectuel (enseignement, recherche, spectacle, information...) représentent près de la moitié des dirigeants écologistes (35/76), contre un quart pour les élites socialistes, ce qui fait des *Verts cp* un véritable parti d'« intellectuels ».

En comparant les caractéristiques de l'électorat et des adhérents à celles des candidats et dirigeants (tableau 6), on peut vérifier, comme c'est le cas d'une manière générale dans les hiérarchies partisanes et politiques, l'exclusion croissante des femmes (la moitié de l'électorat mais un cinquième des dirigeants), des jeunes et des personnages âgées ainsi qui des catégories populaires (10 % des électeurs mais moins de 2 % des adhérents, candidats et dirigeants tandis que les catégories favorisées représentant moins de 10 % des électeurs, fournissent 30 % des adhérents et plus de la moitié des dirigeants). Ainsi, les tentatives des *Verts cp* pour démocratiser socialement et sexuellement leurs élites, si elles ne sont pas totalement dénuées de succès, obtiennent des résultats limités.

Cependant, les dirigeants verts sont un peu moins souvent issus des classes supérieures (57,5 % contre 58,5 % pour les socialistes) et proviennent plus souvent des catégories intermédiaires (28,7 % contre 22 % chez les socialistes). Si l'on classe les professions de l'information, des arts et des spectacles parmi les professions intermédiaires[14] on constate même que les dirigeants verts sont plus

14. Type de classification utilisé dans certaines enquêtes.

nombreux à appartenir aux couches moyennes (44,5 % contre 24,5 % pour le PS ou moyennes + populaires (45,8 % contre 29,7 % pour le PS) qu'aux classes supérieures (41,7 % contre 57,5 % pour le PS). Ainsi, globalement, l'élite écologiste appartient à un univers social moins aisé que les dirigeants socialistes, lesquels proviennent eux mêmes de milieux moins élevés que les élites de la droite et du centre. Surreprésentant largement les professions intermédiaires, *Les Verts cp* apparaissent, bien davantage que le PS, comme un parti de classes moyennes.

2. **La rareté des professionnels de la politique et de l'Etat.** – Les professionnels de la politique au sens wéberien semblent absents des élites vertes. On n'y trouve ni les notables locaux et propriétaires ruraux qui formaient jusqu'aux années récentes, l'armature de certains partis établis[15], ni les rentiers, ni les professions libérales (2 dirigeants et 3 candidats de 1984 seulement), disposant d'une partie de leur temps, et, notamment, aucun représentant des professions libérales juridiques dont on sait la place qu'elles tinrent dans les partis établis. Sont, en revanche, représentés, les journalistes (9) et enseignants (21). Mais, d'une manière générale, il n'existe pas, réellement, dans ce mouvement, jusqu'en 1989, de professionnels de la politique vivant « pour » mais aussi « de » la politique[16] puisqu'on ne vit pas, alors, de l'écologisme. Et cela, d'autant plus, que *Les Verts cp* n'ont, jusqu'en 1989, aucun élu, ni européen, ni national, ni régional[17], ni départemental, et pratique-

---

15. Notamment les *Indépendants*, puis les *Républicains indépendants*, qui font figure, jusqu'au milieu des années soixante, de parti de notables provinciaux. Voir Jean-Claude Colliard, *Les Républicains indépendants*, Paris, PUF, 1971.

16. C'est la définition du professionnel de la politique selon M. Weber, *Le Savant et le politique, op. cit.*

17. Si l'on excepte les trois conseillers régionaux verts, élus en mars 1986.

ment aucun au sein de majorités municipales, pouvant vivre, (et en faire vivre d'autres), grâce à des revenus ou indemnités d'élus. De même, les intellectuels techno-crates, personnel politique désormais légitime sont qua-siment absent des élites vertes.

A cette rareté des professionnels de la politique et de l'Etat correspond une analogue quasi-absence des types de formations universitaires jugées légitimes dans la compétition politique (droit, économie) et, *a contra-rio*, la présence massive de formations atypiques ou originales. De par leur formation, les élites vertes se révèlent être bien davantage des techniciens de la nature (et de la matière) que des professionnels de l'Etat et du droit. Plus de la moitié des dirigeants ayant effectué des études supérieures ont suivi des formations scientifi-ques (et moins d'un quart seulement des formations administratives, juridiques ou économiques). Et, un nombre considérable d'entre eux, (parfois, même, sans de telles formations scientifiques) exerce des profes-sions liées, de près ou de loin, à l'environnement : 21 dirigeants sur 76 en 1984 ; 25 candidats aux européen-nes sur 81 en 1979, 20 sur 81 en 1984, 27 sur 81, soit un tiers, en 1989. Cette importante proportion de forma-tions et/ou professions scientifiques peut aider à com-prendre la place accordée, non seulement aux questions d'environnement, mais aussi à la science et à la techni-que dans la réflexion écologiste.

3. **Evolution récente.** – Ces spécificités sociales, culturelles et professionnelles de l'élite verte sont-elles passagères ou destinées à persister ? Et peuvent-elles s'expliquer par un pur volontarisme, la volonté de créer un marché politique spécifique, privilégiant des caracté-ristiques différentes, voire opposées, par rapport à celles qui prédominent dans le champ (comme tente de le faire le PCF) ou par le rejet de la différenciation du politique et, en conséquence, le refus de se doter de professionnels de la politique ? Ou bien, doivent-elles s'expliquer par

une incapacité à attirer les élites légitimes à la compétition politique, à l'aide de rétributions suffisantes ou adaptées, incapacité destinée à diminuer ou disparaître avec l'accroissement du potentiel de rétribution des *Verts cp* ? Dans le premier cas, la question est de savoir si les écologistes parviendront à préserver la relative spécificité – non pas tant sociale[18] que culturelle – de leur personnel politique (et de comprendre les conditions qui permettraient à ce personnel particulier de conserver, durablement, la direction d'une organisation politique devenue importante) ou si la logique de la sélection et de l'élimination des agents les moins favorisés socialement, les moins professionnalisés en politique, les moins culturellement légitimes dans l'espace partisan jouera, les conduisant au recrutement d'un personnel politique analogue à celui des autres partis ou encore, si ce personnel n'est que la préfiguration, dans une organisation politique donnée, d'un nouveau type de personnel politique. Dans le second cas, la faiblesse des rétributions financières ou en postes de pouvoir, tant à l'extérieur qu'à l'intérieur du mouvement (postes de dirigeants peu valorisés du fait des règles de collégialité, de contrôle par la base, des mandats courts) contribuerait à expliquer la quasi-absence, jusqu'à présent, des professionnels de la politique et de l'Etat, qu'au contraire, l'augmentation considérable du potentiel de rétribution des *Verts cp* depuis 1988-1989 (postes de députés européens, de conseillers régionaux, d'adjoints au maire ; financement public des partis ; rétribution beaucoup plus importante qu'auparavant du statut de dirigeant – ou même, en termes symboliques, de candidat – écologiste) serait susceptible d'attirer.

Les évolutions récentes semblent contrastées, mêlant, l'augmentation de la part des élites les plus légitimes (par exemple, diminution des catégories intermédiaires

18. Cas du PCF.

(- 6), entre 1984 et 1989, au profit des catégories supérieures (+ 12) traduisant, ainsi, un certain embourgeoi-
sement, après un mouvement inverse de 1979 à 1984)
à une confirmation, voire à l'accentuation, de traits spécifiques. Ainsi, la part des femmes augmente-t-elle, entre 1984 et 1989, chez les dirigeants (15/76 puis 17/74
dont 6/18 au CE) comme chez les candidats (22/81 puis
34/81). Surtout, chez ces derniers, la part des professions
liées à l'environnement s'accroît entre 1984 (20, dont
3 dans les 10 premiers) et 1989 (27, dont 5 dans les
10 premiers), de même que la part des professions scientifiques de 1979 (15, dont 1 dans les 10 premiers) et
1984 (15, dont 2 dans les 10 premiers) à 1989 (21, dont
5 des 9 élus). Ainsi, contrairement à la logique d'homo-
généisation et de professionnalisation du personnel politique rappelée ci-dessus, *Les Verts cp*, semblent, pour
l'instant, « mettre en avant », de plus en plus, des candidats très typés en matière de professions, scientifiques
et liées à l'environnement.

Le mouvement écologiste semble, ainsi, faire figure
de vecteur d'engagement politique privilégié pour un
nouveau personnel politique de formation, de culture
et/ou de profession scientifique dont l'expertise, peu
valorisée pour l'instant, au sein des partis établis, se
voit, peut-être, reconnaître une légitimité supérieure et
une meilleure rentabilité chez *Les Verts cp*. Mais la
question reste posée de savoir si l'entrée en politique
de ce nouveau personnel se fera uniquement – ou
d'abord – par l'écologisme.

4. **Orientations et passé politique.** – En ce qui
concerne leurs valeurs, les dirigeants écologistes font
montre de la même dichotomie entre un extrême libéralisme culturel et des positions plus modérées, pour les
valeurs dites du mouvement ouvrier.

En revanche, par rapport à leurs électeurs, les dirigeants refusent beaucoup plus souvent encore de se
situer sur l'axe gauche-droite. Alors qu'une partie de

l'électorat semble relativement attirée par des positions centrales, les dirigeants opèrent un refus beaucoup plus net de l'axe-gauche-droite et différencient nettement centre et « ailleurs ». Il faudrait pouvoir distinguer dans ce rejet, la part de stratégie politique visant à conquérir un électorat flottant, indécis ou déçu, et la part d'une plus nette perception, par les dirigeants, des différences entre « l'ailleurs » écologiste et le centrisme politique.

Néanmoins, en cas de second tour électoral binaire, les dirigeants écologistes ne votent quasiment jamais à droite. Par ailleurs, leur passé politique, quand il existe, se situe à gauche. Ainsi, en 1984, sur 26 dirigeants ayant appartenu, auparavant, à au moins une organisation politique ou syndicale, 2 furent à la CFTC, 1 à la FNEF, 3 dans une structure libertaire-anarchiste (1 CNT, 1 *Internationale situationniste,* 1 *Anarchisme et non-violence).* Les 20 autres viennent de la gauche ou de l'extrême gauche : 2 PCF, 1 *Jeunesses communistes,* 2 SFIO, 1 PS, 1 SFIO + PSU, 1 *Socialisme ou barbarie* + FEN, 2 UNEF, 1 UNEF + PSU, 1 UNEF + PSU + UJCML, 4 PSU, 1 PSU + autre syndicat non précisé, 1 indique « fréquentation PSU », 1 « compagnon de route PSU », 1 JEC + « compagnon de route PSU », soit entre 8 et 11 ayant transité par le PSU. Autant dire que, lorsqu'ils ont eu une expérience politique antérieure, les *leaders* écologistes ne l'ont jamais eue à droite mais au sein d'organisations partisanes et syndicales plutôt à gauche. De même, l'appartenance organisationnelle en 1984 est également situable à gauche. Sur 28 syndiqués, 1 est à la CGC et 27 sont cédétistes. Si l'on observe que 16 de ces 27 ont été auparavant membres d'une organisation politique ou syndicale de gauche ou proche de la gauche, on remarque, pour ceux-là au moins, une certaine permanence dans leur positionnement à gauche.

Encore ne s'agit-il pas de n'importe quelle gauche. Ainsi, tandis qu'on constate un rejet massif des organisations communistes (PCF et proches du PCF (CGT) ou de la LCR, ainsi que de la droite (FN, RPR, UDF), on peut observer une préférence marquée, dans l'ordre, pour la CFDT et le PSU, suivi, plus loin, par le PS et le MRG. Donc, si l'ailleurs des dirigeants écologistes semble exclusif de toute relation avec la gauche communiste et l'extrême droite, c'est, au sein de l'univers politique établi, de la « deuxième gauche » dont ils semblent le moins éloignés.

Chapitre V

SIGNIFICATION
DE L'ÉCOLOGISME

L'écologisme a donné lieu, en France comme à l'étranger, à un certain nombre d'interprétations de sens différent, voire contradictoire. On voudrait, ici, souligner les limites et insuffisances de quelques-unes de ces explications les plus répandues avant de proposer des voies pour des interprétations qui semblent plus fécondes.

I. – Des interprétations diverses,
voire contradictoires et insatisfaisantes

1. **Un mouvement protestataire de court terme ou cyclique.** – Une première interprétation fait des Verts[1], et notamment de leur rapide croissance en 1989, un mouvement d'humeur, déconcertant, éventuellement cyclique, dont serait coutumier le peuple français, qui rappellerait le feu de paille du poujadisme électoral en 1956 et serait promis au même avenir. Se rattache à ce type d'analyse celle qui résume l'écologisme à un mouvement antipartisan, antipoliticien, de protestation spontanée, à court terme et cyclique, contre le système politique. Les Verts apparaîtraient ainsi comme une réponse éphémère à une crise passagère du système politique et

---

1. Verts est ici employé au sens générique.

resteraient donc à la merci de la modification d'un « climat » politique, ne donnant vie que temporairement à une protestation politique.

Ce type d'explication demeure très insatisfaisant car il passe sous silence la désormais longue durée de vie de l'écologisme électoral (plus de 15 ans en France) et néglige les aspirations plus profondes et plus fondamentales de changement des priorités politiques et sociales dont semblent porteurs les Verts.

2. **Un mouvement à question unique.** – Certains observateurs réduisent les Verts à une préoccupation unique : l'environnement. Dès lors, ce mouvement serait, à la fois, temporaire, destiné à disparaître dès que seraient résolues, ou mieux traitées, les questions d'environnement et dangereux pour la démocratie, puisque limité à un seul thème et faisant, en quelque sorte, primer un intérêt particulier, sectoriel, sur l'intérêt général[2]. Cette analyse se rattache partiellement à la première. Cependant, ici, il ne s'agit plus d'une protestation diffuse antisystème, antipartisane, mais d'un mouvement de protestation envers un point plus précisément délimité : la façon dont le système traite ou ne traite pas, correctement une question précise, à savoir l'environnement. A l'évidence, cette vision est par trop réductrice, qui limite les Verts à une seule petite partie d'eux-mêmes.

3. **Un localisme.** – Une approche d'une veine voisine apparente le vote vert à un vote local : fort là où les problèmes d'environnement sont importants, faible là où ils n'existent pas ou demeurent limités.

De fait, en mars 1989, par exemple, on constate assez souvent, là où le vote vert est élevé, des problèmes d'environnement importants, que ce soit au niveau ré-

---

2. Voir, par exemple, J.P. Faivret, J.L. Missika, D. Wolton, *op. cit.* ; Marcel Gauchet, « Sous l'amour de la nature, la haine des hommes », *Le Débat*, n° 60, mai 1990, pp. 278-282.

gional (pluies acides dans l'Est, pollution de l'eau en Bretagne, nucléaire civil en Basse-Normandie et dans la région Rhône-Alpes...) ou à un niveau plus spécifiquement municipal (projet de Val à Strasbourg, où *Les Verts cp* obtiennent 12,8 % au premier tour ; projet du barrage de Serre-de-la-Fare, près du Puy, où *Les Verts cp* obtiennent 22 % ; projet autoroutier à Gap : 7,82 % ; projet de stade à Vincennes : 10,37 % ; projet d'usine d'incinération à Quimper : 14,45 % et à Issy-les-Moulineaux : 7,7 % ; projet de stockage de matières nucléaires à Istres : 18,7 % ; projet autoroutier et de création d'une usine de traitement de déchets à Colmar : 14,3 puis, 24,3 % ; mines d'uranium à Limoges : 11,1 % ; ou Uzès : 9,3 % ; *Disneyland* à Champs-sur-Marne : 19,4 % et Noisiel : 15,7 %...).

Mais l'assimilation du vote vert à un vote local ou, même, la considération selon laquelle celui-ci aurait été facilité par la relocalisation des élections municipales de 1989 par rapport à celles de 1977 et 1983, sans être inexactes, restent partielles et insatisfaisantes. Pour qu'il en soit autrement, il faudrait que *Les Verts cp* soient présents ou forts uniquement là où se posent des problèmes d'environnement locaux. Or, la progression, et du nombre de listes écologistes en présence et de leurs résultats, est nationale. Donc, si l'on formule l'hypothèse que le vote vert est motivé, en partie au moins, par des préoccupations d'environnement, on ne peut réduire celles-ci à des préoccupations locales (sauf si l'on considère que les électeurs de 1989 sont partout plus sensibles à leur environnement immédiat que ceux de 1983, ce qui est peut-être rendu partiellement possible par l'éventuelle relocatisation du scrutin). La progression nationale des présences comme des résultats écologistes conduirait ainsi à envisager, dans ce cas, une augmentation nationale des préoccupations d'environnement comme facteur de vote.

En outre, ce type d'explication ne permet de comprendre ni les cas de vote écologiste faible malgré de graves problèmes locaux d'environnement et inversement, ni la régression nationale du vote vert à certaines époques où les questions d'environnement se posaient avec une ampleur au moins égale.

4. **Un centrisme.** – Pour certains, l'écologisme constituerait une nouvelle version du centrisme : un centrisme caché, larvé ou de substitution, interprétation qui laisse pour le moins insatisfait. En effet, elle néglige les spécificités de l'écologisme, et notamment l'extrémisme socio-culturel de ses électeurs et dirigeants, et les particularités de sa doctrine par rapport à celle du centrisme. De même, elle sous estime tout ce qui sépare les électeurs centristes des électeurs verts en termes de positionnement politique, de valeurs, de motivations de vote, de particularités sociographiques. Elle passe également ment sous silence le récent gauchissement de l'électorat vert. Enfin, elle assimile, à bon compte, centrisme et refus de l'axe gauche-droite, positions centristes et positions centrales, centre et ailleurs. Tentant de rattacher un mouvement nouveau à un courant déjà existant, elle s'empêche d'en saisir la spécificité.

5. **Une version du frontisme.** – La même critique peut être adressée aux analyses qui assimilent écologisme et frontisme ou « xenphobie d'extrême droite », en faisant deux « micro-idéologies » se renforçant mutuellement, deux versions voisines d'un commun « flottement » et d'un semblable « désarroi » face à l'immigration, à l'insécurité et au chômage[3]. On se doit, en outre, de rappeler tout ce qui sépare *Les Verts cp* et le FN en termes sociaux, de valeurs, d'idées et de programmes et de relever la spectaculaire opposition des électorats verts et frontistes en termes d'analyse du phénomène écologiste d'une part, et de raisons du choix de vote,

3. Voir, par exemple, Emmanuel Todd, *L'Invention de l'Europe*, Paris, Seuil, 1990, chap. 17.

d'autre part. Ainsi, « la poussée des écologistes aux municipales » traduit prioritairement un vote d'adhésion aux idées écologistes pour 75 % des électeurs verts mais pour 47 % seulement des électeurs frontistes, qui la considèrent plutôt comme un vote de rejet à l'égard des autres partis politiques (45 % contre 24 % pour les électeurs écologistes). Les frontistes ont plus de mal à considérer les écologistes comme « ni de droite ni de gauche ni du centre » (27 %) que les électeurs verts eux-mêmes (61 %) et les situent plus souvent à gauche (47 % contre 15 %)[4].

Les raisons de vote sont aussi très différentes. Les électeurs frontistes s'expriment davantage en fonction de la tendance politique (30 % contre 17 % des électeurs écologistes)[5], les électeurs verts davantage en fonction de la personnalité du candidat (52 % contre 41 %)[6], de son programme pour la ville (34 % contre 23 %) ou du maire sortant, jugé en place depuis trop longtemps (24 % contre 16 %)[7]. 56 % des électeurs verts n'ont pas tenu compte de leur attitude à l'égard du gouvernement, au moment de voter, ce qui est le cas seulement pour 18 % des électeurs frontistes dont, au contraire, 40 % ont voulu manifester leur opposition au gouvernement (8 % seulement des électeurs verts). Les deux questions primordiales dans le vote écologiste sont la protection de l'environnement : 89 % et le désarmement : 17 % (respectivement 15 % et 1 % pour les électeurs frontistes) alors qu'il s'agit des immigrés : 62 % et de l'insécurité : 58 %, pour les électeurs frontistes (respectivement 2 % et 2 % pour les électeurs verts). De même, si 58 % des électeurs écologistes se disent favorables au vote des immigrés lors des élections locales, c'est le cas seule-

4. Sondage Louis Harris, *op. cit.*
5. Sondage IFOP, *op. cit.*, ou de l'étiquette politique (31 %, contre 17 % pour les écologistes : sondage BVA, effectué du 13 au 16 mars 1989, pour *Antenne 2, Europe 1, Paris-match.*
6. Sondage BVA, *op. cit.*
7. Sondage IFOP, *op. cit.*

ment de 1 % des électeurs du *Front national*. 49 % des électeurs verts considèrent que le clivage gauche-droite n'a plus de sens aujourd'hui contre 28 % des frontistes qui sont 55 % à se montrer en désaccord avec ce jugement (37 % des verts). 54 % des frontistes ont voté par mécontentement à l'égard du système politique, contre 29 % des électeurs écologistes[8]. On pourrait ainsi continuer l'énumération des différences de motivations des votes vert et frontiste mais cela présente peu d'intérêt, tant elles paraissent déjà importantes. Dans ces conditions, il ne semble pas étonnant que 4 %, seulement, des électeurs frontistes aux municipales puissent voter écologiste en cas d'élections européennes, et 1 % des électeurs verts, *Front national*[9].

6. **Un gauchisme.** – A l'inverse de l'analyse précédente, certains considèrent les mouvements verts comme partie intégrante d'une nouvelle cohorte de « partis libertaires de gauche »[10] ou comme un sous-ensemble d'une nouvelle génération de partis d'un nouveau type incluant les petits partis radicaux, pacifistes, socialistes de gauche...[11]. Mais cette approche néglige l'apparition de partis verts dans des pays où des partis radicaux ou socialistes de gauche (Italie, Pays-Bas, Danemark...) ou du centre (Suède) ont d'abord adopté et politisé, avec un certain succès, les questions d'environnement. Par ailleurs, elle sous-estime ce qui sépare la gauche, même nouvelle, de l'écologisme.

7. **Un mouvement irrationnel ou consécutif à une frustration.** – Un certain nombre de théories, largement acceptées dans les années soixante, soutient que la mobilisation en vue d'actions politiques non convention-

8. *Ibid.*
9. *Ibid.*
10. H. Kitschelt, « Lefth libertarian Parties », *art. cité.*
11. Ferdinand Müller-Rommel, « Ecology Parties in Western Europe », *West European Politics*, V, 1982, p. 68-74.

nelles (mouvements pacifistes, de protestations...) est un comportement irrationnel, de réaction, de révolte, motivé par des besoins expressifs ou des anxiétés, donc un comportement déviant et, comme tel, voué à l'échec[12]. Cette approche suppose un lien psycho-fonctionnel entre les buts et idées des mouvements et certains attributs ou dispositions socio-psychologiques, comme l'aliénation ou la frustration[13].

Proches de ces analyses sont les théories de la frustration relative, utilisées en France pour expliquer le vote écologiste[14] ou le mouvement communard[15]. Ainsi, le vote écologiste en 1978 a-t-il pu être interprété comme une réponse de crise de la jeune génération à haut niveau d'éducation face aux frustrations du marché du travail, très tendu à l'époque, il est vrai, et au décalage entre les attentes et les positions atteintes. La société ne fournissant pas les moyens d'une mobilité sociale ascendante rapide, les jeunes qui avaient accompli des études élevées et ne trouvaient pas d'emploi à la mesure de leur bagage intellectuel, pouvaient en éprouver du ressentiment, rejeter, du coup, les fins de succès social, associées à cette société décevante, et donc soutenir une vision alternative et contestataire de cette société.

Mais, d'une part, rien ne prouve que la profession exercée ne résulte pas d'un vrai choix, découlant d'un rejet de la société, préexistant à ce choix, plutôt que l'inverse. D'autre part, le fort soutien apporté aux Verts par les couches de la population jouissant de revenus moyens, exerçant des professions considérées et bénéficiant de la sécurité de l'emploi, peut paraître contradictoire avec la théorie de la frustration relative. Par ail-

12. Neil Smelser, *Theory of collective behaviour,* New York, Freedom, 1962 ; William Kornhauser, *The Politics of Mass Society,* Glencoe, Free Press, 1959.
13. James C. Davies, « Toward a Theory of Revolution », *American Sociological Review,* 6,1, February 1962, p. 5-19. ; Ted Gurr, *Why Men Rebel,* Princeton N. J., Princeton, university Press, 1970.
14. D. Boy, *art. cité.*
15. B. Lacroix, *op. cit.*

leurs, loin d'être des déviants, les participants aux mouvements écologistes, pacifistes, contestataires ou associatifs semblent, au contraire, bien intégrés socialement et politiquement[16]. Notamment, les personnes s'engageant dans des formes d'action non conventionnelles le font, en réalité, en plus de leur engagement ou de leur capacité à s'engager dans un comportement politique orthodoxe[17].

8. **L'expression d'une classe.** – Plusieurs auteurs lient l'écologisme à la montée d'une nouvelle classe moyenne[18] ou considèrent, plus explicitement, l'écologisme comme une expression des intérêts de ceux dont la position de classe dans le secteur non-productif les situe à la périphérie des institutions et processus des sociétés industrielles capitalistes[19].

Toutefois, on observe un désaccord sur le contenu de cette nouvelle classe et sur le fait de savoir si elle constitue bien une classe[20]. En outre, des demandes de changements fondamentaux, au sein des sociétés industrielles, peuvent paraître contradictoires avec les intérêts de ces catégories, souvent aisées. Notamment, la réduction du rôle de l'Etat et la réorientation ou le ralentisse-

16. F. Parkin, *Middle Class Radicalism, op. cit.* ; Monique Dagnaud, « La classe d'alternative », *Sociologie du travail,* 4, 1981, p. 384-405 ; Dominique Melh, « Culture et action associatives », *Sociologie du travail,* 1, 1982, p. 24-42.

17. Alan Marsh, *Protest and political consciousness,* London, Sage, 1977 ; F. Parkin, *Middle Class Radicalism, op. cit.* ; Johan P. Olsen, *Organised Democracie,* Oslo, Universitets Forlaget, 1983, p. 13-38.

18. Alvin W. Gouldner, *The Futur of Intellectuals and the Rise of the New Class,* New York, Seabury Press, 1974 ; M. Dagnaud, *art. cité.*

19. Stephen Gotgrove, Andrew Duff, « Environementalism, Middleclass radicalism and Politics, *Sociological Review,* 28, 1980, p. 333-351.

20. Voir, notamment, B. Bruce-Briggs (ed.), *The New Class,* New Brunswick Transaction Books, 1979 ; Rosemary Crompton, Jon Gubbay, *Economy and class structure,* London, Macmillan 1977 ; Pat Walker (ed.), *Between capital and labour,* London, Harvester Press, 1979 ; Franck Parkin, *Marxism and Class Theory : A Bourgeois Critique,* New York, Columbus University Press, 1979 ; Nicos Poulantzas, *Les Classes sociales dans le capitalisme aujourd'hui,* Paris, Seuil, 1974.

ment de la croissance économique semblent contraire aux intérêts d'une grande partie des sympathisants écologistes, employés par l'Etat dans des fonctions sociales, éducatives, sanitaires, culturelles dont le maintien et le développement dépendent de la poursuite d'une certaine croissance économique.

Enfin, les exigences et protestations des militants verts ne paraissent pas spécifiques à une classe, ni bénéficier, spécialement, à une classe. Au contraire, visant souvent des biens collectifs (air, eau, silence, paysages, paix, droits civils...), elles semblent souvent universalistes. Cette constatation conduit aussi, peut-être, à relativiser, en ce domaine, le pouvoir explicatif des théories utilitaristes qui rendent compte de la mobilisation et de l'engagement par des incitations sélectives, dans la mesure où l'obtention du bien collectif et l'empêchement de la nuisance collective semblent prédominants au moins en ce qui concerne la défense de l'environnement[21], le contrôle démographique[22] et la mobilisation antinucléaire[23].

Donc, ces différentes interprétations, qui ne peuvent être totalement rejetées, semblent néanmoins partielles, réductrices et insatisfaisantes. Ni poujadisme, ni simple « environnementalisme », ni localisme, ni centrisme, ni frontisme, ni conservatisme, ni gauchisme, ni déviance,

21. Robert C. Mitchell, « National Environnental Lobbies and the Apparent Illogic of Collective Action », in Cliffond S. Russel (ed.), *Collective Decision Making : Application from Public Choice Theory,* Baltimore (M. D.) John Hopkins University, 1984, p. 87-121 ; Burton A. Weisbrod, « What Might Public Interests Law Accomplish : Distributional Effects », in Burton A. Weisbrod et *alli, Public Interest, Law : An Economic and Institional Analysis,* Berkley, University of California Press, 1977, p. 102-147.

22. Harriet Tillock, Denton E. Morrison, « Group Size and Contribution to Collective Action : An Examination of Olson's Theory Using Data From Zero Population Growth Inc », in Louis Kriesberg (ed.) *Research social movements, conflicts and change,* vol. 2, 1979, p. 131-158.

23. Karl-Dieter Opp, « Soft Incentives and Collective Action : Participation in the Anti-nuclear Movement », *British Journal of Political Science,* vol. 15, 1, January 1986, p. 87-112.

ni frustration, ni spécificité d'une classe, il faut, pour proposer des interprétations plus fertiles, considérer l'écologisme comme ce qu'il est : un phénomène original, plus complexe qu'il ne paraît, sans doute durable, irréductible à d'autres et qu'il convient d'analyser en lui-même.

II. – Éléments d'interprétation

Il semble peu contestable que l'apparition et la progression des Verts, partout en Europe, y compris en France, reflète, pour une part, la progression dans l'opinion des préoccupations d'environnement et la corrélative insatisfaction face à la manière dont sont traitées ou ne sont pas traitées ces questions, tant par les pouvoirs publics que par les partis, de quelque tendance qu'ils soient. En ce sens, l'existence et la progression des Verts sont révélatrices d'un décalage entre la hiérarchie des priorités dans l'opinion et l'agenda des partis politiques établis.

De même, l'apparition et le développement des Verts, ainsi que de leur style d'action, de discours, de fonctionnement, reflètent, sans doute, pour une part, une perte de confiance plus globale et une contestation plus générale envers les partis et le système politique, voire une crise de légitimité du système de partis[24].

Néanmoins, l'émergence des Verts ne saurait se réduire à ces deux seules dimensions[25] (même si l'interaction entre les deux phénomènes a pu fournir un terrain propice à la naissance d'un nouveau mouvement politique, le premier servant, par exemple, à « habiller » le

24. Voir, pour l'exemple allemand, Werner Kaltefleiter, « A Legitimacy Crisis of the German Party System ? », in Peter H. Merkl (ed.), *Western European Party Systems. Trends ans Prospects,* New York, Free Press, 1980, p. 597-608.
25. La corrélation problèmes d'environnement/existence de partis verts est loin d'être parfaite puisqu'il existe des pays dont la situation écologique est dégradée sans partis verts et inversement.

second) tant l'apparition des Verts semble un indicateur d'une transformation politique et sociale durable. Dans cette perspective, les Verts peuvent s'analyser tout à la fois, comme porteurs : d'une « mise à jour », d'une modernisation du système partisan, d'une capacité d'approfondissement de la démocratie, comprenant, notamment, une nouvelle conception de la citoyenneté et d'une critique de la modernité.

1. **Une modernisation du système partisan.** – D'une manière générale, un système de partis se constitue sur la base de clivages sociaux et idéologiques profonds qui sont autant de fractures socio-politiques bien assises (formation de l'Etat-nation, nature du régime, sécularisation, industrialisation, question du travail...) que les partis eux-mêmes ont contribué à transformer en alternative électorale[26].

Ainsi, la modification du système de partis et l'apparition de nouveaux partis peuvent, d'abord, s'expliquer par le changement des clivages sociaux et idéologiques (apparition de nouveaux clivages, affaiblissement des anciens) et de leur hiérarchie[27]. Toutefois, ces clivages fondateurs sont généralement si prégnants qu'ils continuent à structurer le système partisan longtemps après leur naissance. Ainsi a-t-on pu aboutir au constat du gel du système partisan qui, jusque dans les années soixante, continuait à refléter les structures de clivages des années 1920[28].

26. Seymour M. Lipset, Stein Rokkan, « Cleavage Structures, Party Systems, and Voter Alignements : An Introduction », *in* Seymour M. Lipset, Stein Rokkan (eds.), *Party Systems and Voter Alignements : Cross-National Perspectives,* New York, The Free Press, 1967.
27. Hypothèse soutenue par S. M. Lipset et S. Rokkan, *op. cit.* p. 6 ; voir aussi H. Berrington, *art. cité*, p. 440, 458 ; Thomas W. Rochon, « Mobilizers and Challengers : Towards a Theory of New Party Success », *International Political Science Review,* vol. 6, n° 4, 1985, p. 419-439 ; Hugh Berrington, « News Parties in Britain : Why Some Live and Most Die », *in Ibid.*, p. 440-461.
28. S. M. Lipset, S. Rokan, *op. cit.* ; Richard Rose, Dereck Urwin, « Persistence and Change in Western Party Systems since 1945 », *Political Studies,* 18, 3, 1970, p. 287-319.

Néanmoins, les années récentes semblent avoir donné naissance à deux phénomènes d'importance. D'une part, surgissent peut-être de nouveaux clivages opposant, pour les uns, les « post-matérialistes »[29] aux matérialistes, pour les autres, les *anti-establishment* à l'*establishment*[30] ou encore un ancien paradigme, centré sur les questions de sécurité, de croissance économique, de revenu et de distribution, dominant depuis 1945, à un nouveau paradigme, axé sur des questions d'autonomie, d'identité[31], qui ont tendance à se surajouter aux anciens ou à rendre progressivement périmées les oppositions partisanes existantes et, notamment, le clivage droite-gauche. Et cela d'autant plus que les partis établis semblent démontrer une incapacité, non pas conjoncturelle mais structurelle, à s'adapter à ces nouvelles questions et ces nouveaux conflits. Dès lors, il n'est pas exclu que ceux-ci et les affrontements potentiels dont ils se révèlent porteurs engendrent, dans un avenir proche, des fractures aussi structurantes et importantes que celles issues, à la fin du XIXe siècle, successivement, de la question de la laïcité (séparation de l'Eglise et de l'Etat), du rôle de l'Etat (opposition centre-périphéries et libéralisme-étatisme) ou de la question ouvrière, et que de nouveaux, profonds et puissants réalignements partisans et politiques, dont le développement des Verts ne serait qu'un signe annonciateur, en découlent.

D'autre part, intervient, progressivement, un changement de structure de classe avec l'accroissement quanti-

29. Ronald Inglehart, *The Silent Revolution*, Princeton (N-J.), Princeton University Press, 1977.

30. Wilhelm P. Bürklin, « The Split Between the Established and the Non-Established Left in Germany » *European Journal of Political Research*, 13, 1985, p. 283-293 ; The German Greens. « The Post industrial Non-Established and the Party System », *International Political Science Review*, vol. 6, octobre 1985, p. 463-481.

31. William R. Catton, Riley E. Dunlap, « A new Ecological Paradigm for Post-Exuberant Sociology », *American Behavioural Scientist*, 24, 1980, p. 15-47 ; Riley E. Dunlap, Kent D. Van Liere, « The New Environnemental Paradigme » : A Propose Instruments and Preliminary Results », *The Journal of Environnemental Education*, 9, 1978, p. 10-19.

tatif des classes moyennes, des personnes employées dans les services, des professions intermédiaires, des étudiants...[32] qui, sans forcément donner naissance à une « nouvelle classe », dont l'écologisme serait l'expression, fournit néanmoins un potentiel pour un réalignement partisan. Cela d'autant plus que l'élévation du niveau d'instruction, l'apparition de nouvelles questions et le relâchement des identifications partisanes favorisent la volatilité d'une partie au moins de l'électorat, ainsi que l'apparition de nouveaux électeurs plus mobiles, votant davantage en fonction des questions du moment que d'affiliations partisanes figées[33].

Toutefois, les Verts ne sont pas seulement une conséquence mécanique de ces phénomènes : changement de structure de classe, apparition de nouvelles questions, volatilité croissante de l'électorat... Ils participent eux-mêmes au processus de réalignement partisan, politisant de nouvelles questions, développant des programmes et attirant des électeurs qui traversent les structures de clivages établies.

La signification des Verts tient donc, peut-être, dans l'amorce d'une transformation d'un système partisan, depuis longtemps gelé. Et, plus concrètement, dans le cas de la France, le nouveau développement des Verts après une période d'éclipse, participe peut-être de la fin d'une exception française faite, jusqu'aux années récentes, d'une situation de prégnance du clivage droite-gauche, de permanence des affrontements de classe et d'un PCF fort, détonnante par rapport aux pays voisins. Mais, loin d'être uniquement la conséquence de ce chan-

---

32. Daniel Bell, *Vers la Société post-industrielle,* Paris, Laffont, 1986 (trad. de : *The Coming of post-industrial society. Aventure in social forecasting* New York, Basic Books, 1973).

33. Norman H. Nie, Sidney S. Verba, John R. Petrocik, *The Changing American Voter,* Cambridge, Harvard University Press, 1979 ; Maria Maguire, « Is There Still Persistence ? Electoral Change in Western Europe, 1948-1979 », *in* Han Daalder, Peter Mair (eds.), *Western European Party Systems : Continuity and Change,* London, Sage, 1983, p. 67-94 ; G. Grunberg, *op. cit.* ; G. Lavau, *op. cit.*

gement, les Verts en sont aussi la cause, soutenant le processus de changement des loyautés partisanes, préparant la voie à un désalignement électoral, provoquant un processus de réalignement. Toutefois, si le processus d'affaiblissement des affiliations partisanes est durable, structurel ou si les Verts attirent plus particulièrement des électeurs volatils, les liens qui se tissent entre les Verts et leur électorat n'atteindront peut-être jamais la force de ceux qui unissaient les partis établis à des électorats plus captifs (ce qui pourrait fragiliser les partis verts davantage que certains de leurs prédécesseurs). En ce sens, les partis verts annoncent peut-être, également, un déclin des appareils partisans rigides et très structurés au profit de nouvelles relations partis-électeurs, et de structures partisanes plus lâches plus ouvertes, plus démocratiques en leur sein.

2. **Un approfondissement de la démocratie.** – Par leur programme, leurs formes d'organisation et d'action, les Verts sont porteurs d'une volonté d'approfondissement de la démocratie. D'une part, la décentralisation, la démocratie directe, participative, la démocratisation des choix scientifiques et technologiques, l'égalité des droits civils... sont au centre de leur programme. D'autre part, leur type d'action, d'organisation offrant de nouvelles possibilités d'engagement politique (groupes temporaires, mouvement à question unique...) en sus et non à la place des formes traditionnelles et des partis établis[34] correspond à une volonté de perfectionnement de la démocratie. Est ainsi remis en question le processus traditionnel et dominant d'intermédiation des intérêts entre l'Etat et la société civile[35], et donc le mode indirect de traduction des conflits sociaux en problèmes

34. F. Parkin, *Middle Class Radicalism, op. cit.* ; A. Marsh, *op. cit.* ; J. Olsen, *op. cit.*
35. Sur ce point, voir Emile Durkheim, *Leçons de sociologie, physique des mœurs et du droit,* Paris, puf, 1950, p. 92-136.

politiques[36]. Les Verts sont également porteurs d'une nouvelle conception de la citoyenneté : dans le temps, puisqu'il s'agit de préserver les droits des générations futures, éventuellement au désagrément des générations présentes et en accroissant leurs devoirs (voir notion de développement *sustainable*) ; dans l'espace, puisqu'il s'agit d'asseoir une réelle égalité des droits des peuples ; dans l'étendue, puisqu'il s'agit d'élargir la citoyenneté à de nouvelles questions : le hors-travail, les choix scientifiques et technologiques, de mettre en œuvre une troisième génération des droits qui, après les droits politiques (citoyenneté libérale), économiques et sociaux (citoyenneté économique et sociale), comprenne le droit à un environnement non pollué, à la qualité de la vie, à l'information quant aux choix scientifiques et technologiques... ; dans son domaine, puisque l'écologisme refuse de découper le citoyen en tranches ou en rôles, politiques, économiques, sociaux mais plaide pour une citoyenneté globale qui ne définisse pas seulement le citoyen par son statut d'électeur ou de « travailleur » mais qui l'appréhende dans sa totalité, y compris dans sa vie privée, sa vie de consommateur, sa vie « globale » dont les différents éléments ne doivent pas être séparés. Il s'agit donc d'étendre la démocratie au-delà de la sphère politique puis, économique et sociale.

3. **Une critique de la modernité.** – Critique de la modernité, l'écologisme l'est, sans conteste. Mais la question subsiste de savoir s'il s'agit d'une critique archaïque ou, au contraire, moderne de la modernité. Pour certains, l'écologisme serait un mouvement passéiste, néo-traditionnaliste[37], voire réactionnaire au sens

36. C. Offe, *art. cité* ; B. Nedelman, *art. cité* ; H. Kitschelt, « Organisation and Strategy... », *art. cité*.
37. Parmi de nombreux écrits, voir, entre autres, Maurice Tubiana, *Le Refus du réel*, Paris, R. Laffont, 1977, notamment chap. 2 et 10 et Félix Guattari, *Les Trois écologies*, Paris, Galilée, 1989, notamment p. 47-48. Ce type d'interprétation est également dominant dans les analyses de l'écologisme effectuées par le PCF et le PS, depuis le début des années soixante-dix.

propre du terme. Une telle analyse tente de rappeler d'éventuelles parentés avec Maurras ou Pétain et de souligner tel ou tel aspect du programme vert, analysé comme conduisant au retour à l'âge des cavernes. Cette interprétation, à nouveau, passe sous silence, outre l'extrémisme socio-culturel des Verts, les aspects radicaux de leur programme et de leur doctrine, et le choix majoritaire de la gauche (même si cela semble parfois à regret) par une majorité de leur électorat en cas d'affrontement binaire. De plus, une différence fondamentale oppose le dessein néo-conservateur au projet écologiste. Certes, tous deux antiétatistes, ils estiment que les difficultés des sociétés industrielles ne peuvent être résolues par un étatisme croissant, une régulation politique accrue, une augmentation continue du nombre des nouvelles questions inscrites sur l'agenda des autorités publiques. Mais, tandis qu'à partir de ce constat, les néo-conservateurs souhaitent restaurer les fondements traditionnels et non politiques de la société civile (propriété, morale, famille...) au détriment d'un Etat dont l'autorité subsiste mais sur une sphère diminuée, les écologistes, eux, souhaitent plutôt reconstituer une nouvelle société civile et politiser ses éléments (travail, production, distribution, relations familiales, rapports avec la nature...) à travers de nouvelles pratiques quotidiennes, de manière à ce qu'elle puisse, ainsi, s'émanciper de l'Etat. En ce sens, certains estiment que la critique écologiste s'apparente peut-être davantage à « une critique moderne de la modernisation »[38] ou de la modernité, qu'à un archaïsme.

Pourtant, les valeurs et les exigences de l'écologisme n'ont rien de neuf en elles-mêmes. L'autonomie, l'égalité, la participation, la démocratie, l'intégrité de la vie, la solidarité, la paix, les droits de l'homme... sont des valeurs fermement enracinées dans les philosophies po-

38. C. Offe, *art. cité*.

litiques modernes depuis la Révolution française et désormais peu controversées. L'écologisme n'incarne donc pas une apparition de nouvelles valeurs, contre ces anciennes valeurs, ni un retour à d'anciennes valeurs, contre ces valeurs modernes. Il partage lui-même ces valeurs. Son originalité, par rapport au quasi-consensus qui entoure ces dites valeurs, réside plutôt dans une interrogation et un doute sur le mode d'accomplissement de celles-ci. Il y a doute sur le fait que ces valeurs puissent être toutes atteintes de manière égale et doute sur le fait qu'elles puissent être atteintes grâce aux moyens et institutions actuels de la société industrielle. Par exemple, l'autonomie, valeur emblématique de l'écologisme n'est pas, en elle-même, une nouvelle valeur. Ce qui est nouveau, c'est le doute que cette valeur puisse être atteinte comme sous-produit des institutions dominantes de la société industrielle, telles que la propriété, les mécanismes du marché, la famille nucléaire, les institutions de culture de masse, l'Etat-protecteur.

Ainsi l'écologisme peut-il, éventuellement, s'analyser comme une prise de conscience d'une incompatibilité partielle dans l'univers des valeurs modernes et d'une désagrégation des liens traditionnels entre certaines de ces valeurs (ex. : propriété et autonomie ; progrès technique et autonomie ; mass média et autonomie ; revenu et satisfaction ; consommation et satisfaction ; progrès technique et satisfaction...). Et cette prise de conscience peut conduire, non pas forcément à un changement de valeur mais à un accent sélectif placé sur certaines de ces valeurs modernes, à une radicalisation sélective de celles-ci plutôt qu'à leur rejet. Ainsi, cette prise de conscience, n'entraîne-t-elle pas forcément un rejet de la modernisation politique et économique dont elle dépend, mais plutôt une critique de ses promesses non tenues et de ses effets pervers. Dès lors, l'écologisme ne saurait se résumer à un problème d'acceptation ou non de la modernité. Il faut peut-être, plutôt, l'analyser comme une volonté de questionner cette modernité, son sens, sa contribution au « progrès réel » et comme un désir de développer la capacité critique à son égard sans forcément la nier ou la rejeter. L'écologisme ne semble pas réclamer, comme le voudrait une interprétation romantique, un retour au passé ni à des formes d'organisation pré-modernes pré-scientifiques et non différenciées. Il plaide plutôt en faveur de moyens qui permettent aux valeurs modernes de se réaliser plus pleinement que ne les y autorisent les formes d'organisation centralisées, bureaucratiques, hiérarchisées et de technologie intensive. Il plaide pour un usage sélectif de la modernisation technique, économique, politique. C'est ainsi que l'écologisme se distingue d'un néo-traditionalisme ou d'un néo-conservatisme. Ainsi, par exemple, le souhait de décentralisation n'est-il pas dérivé d'une nostalgie irrationnelle, pour de petites communautés pré-modernes mais, à la fois, d'une vision des effets pervers de certains aspects de la centralisation et du potentiel pour la décentralisation fourni, entre autres choses, par les nouvelles technologies d'information et de communication[39].

39. Par exemple, la télématique et l'informatique sont accueillies favorablement par les écologistes dans la mesure où elles semblent pouvoir permettre, non seulement de réaliser plus avant la décentralisation politique et professionnelle (travail à domicile) mais aussi de perfectionner la démocratie (découpage du vote en tranches), de diminuer la consommation énergétique et les nuisances dues aux transports...

CONCLUSION

En France, après bien d'autres pays, à la suite des scrutins de mars et juin 1989 et de la crédibilisation qui en découle, semble peut-être enclenché un processus de « désillégitimisation » ou, plus simplement, de légitimation des écologistes. Voter vert n'est plus inutile. L'élection de députés à l'assemblée de Strasbourg ne peut que confirmer et accélérer ce processus. Elle est pourtant insuffisante pour que l'on considère *Les Verts cp* comme définitivement installés et institutionnalisés dans le paysage politique français. D'une part, parce qu'ils restent totalement absents de l'exécutif, des assemblées législatives, conseils généraux et de la plupart des mairies et des conseils régionaux. D'autre part, parce que si l'élection dans les communes, comme au Parlement européen, permet l'acquisition d'une légitimité, il s'agit surtout d'une légitimité institutionnelle, juridique. L'illégitimité sociale, voire politique, dont, depuis longtemps, sont affublés les écologistes, peut perdurer ou ressurgir si demeure leur volonté d'intervenir de façon différente dans le champ politique alors que celui-ci continue à consacrer des règles d'action traditionnelles.

A cette étape de leur histoire, de leur évolution, les partis verts sont confrontés à un choix : soit persister dans cette volonté de faire de la politique autrement, en essayant d'y convertir l'ensemble du champ, avec les difficultés et les risques qui en découlent, soit se renier en partie et s'adapter aux conditions d'accès consacrées par ce champ ; ce qui reviendrait, pour eux, à se doter du type d'élite nécessaire, d'une structuration partisane plus adaptée et plus efficace, d'un programme plus approfondi et plus étendu, toutes choses dont ils restent encore éloignés et qui risquent de leur faire perdre une partie de leur substance. Toute la difficulté des écologistes à se structurer, à définir leurs formes d'action et d'organisation réside, précisément, dans l'hésitation presque structurelle entre ces deux voies.

Quoiqu'il en soit, loin de se limiter à la défense de l'environnement (comme certains le supposent), l'écologisme incarne, sans doute, tout à la fois, un autre style d'action politique, un nouveau type d'organisation politique, la volonté d'approfondir et d'étendre la démocratie à d'autres domaines, une autre conception de la citoyenneté, le désir d'un rapport différent à la politique et aux partis, plus distant, plus conditionné, plus volatil...

Une des raisons pour lesquelles l'écologisme progresse un peu partout en Europe, malgré d'intenses efforts de récupération de la part des partis traditionnels, réside, sans doute, dans le fait que ces efforts ne portent quasiment que sur l'aspect protection de l'environnement de la thématique verte. Les partis établis s'avèrent incapables, et pour cause, de récupérer un phénomène qui se révèle être leur exact opposé, non seulement en termes de hiérarchie des préoccupations (environnement *versus* croissance économique ; convivialité *versus* compétition économique...), mais aussi en termes d'organisation, de structuration, de fonctionnement, de mode d'action... Phénomène qu'ils ne peuvent, exception faite de la thématique d'environnement qu'ils n'ont aucun mal à reprendre à leur compte, que qualifier d'illégitime.

C'est que l'écologisme se présente, non seulement comme une perspective d'alternance, mais aussi comme une réelle alternative face au quasi-consensus des autres forces politiques autour du productivisme, du matérialisme, du primat des valeurs marchandes, de l'argent, de la consommation, de la concurrence, de l'individualisme, du moment présent.... Face à ces valeurs dominantes, l'écologisme met en avant les thèmes de la solidarité, de la nature, de la vie, de l'épanouissement de la personne humaine, de la préservation du futur au détriment éventuel du présent... et semble, dès lors, constituer une tentative empreinte d'une bonne part d'utopie (au sens originel du terme) pour dépasser à la fois le libéralisme du xviiie siècle et le socialisme du xixe siècle, ainsi que leur commune capitulation devant l'impérialisme du productivisme et du matérialisme.

BIBLIOGRAPHIE

La bibliographie en langue française sur l'écologisme est chiche. Elle apparaît, en outre, souvent datée. Les références qui suivent permettront toutefois d'appronfondir tel ou tel aspect.

I. GÉNÉRALITÉS.

Commission mondiale de l'environnement et du développement, *Notre Avenir à tous*, Genève, CMED, 1987. [Le rapport Bruntland, équivalent du rapport du club de Rome pour les années quatre-vingt, qui contribua à légitimer l'écologisme].

Politix, n° 9, 1ᵉʳ trimestre 1990. [Numéro consacré à l'écologisme].

Touraine (Alain) et *alli*, *La Prophétie anti-nucléaire*, Paris, Seuil, 1980. [La protestation antinucléaire, des années soixante-dix analysée en tant que mouvement social selon les concepts d'Alain Touraine].

II. GENÈSE (Témoignages d'acteurs).

Anger (Didier), *Chronique d'une lutte*, Paris, Simoen. [Autobiographie d'un militant antinucléaire qui devint, par la suite, dirigeant vert].

Dumont (René), *La Campagne de René Dumont et du mouvement écologique*, Paris, Pauvert, 1974. [Recueil des principaux textes et documents de la campagne électorale de 1974].

Lalonde (Brice), *Sur la Vague verte*, Paris, Laffont, 1981. [Autobiographie du candidat écologiste de 1981].

Vadrot (Claude-Marie), *L'Ecologie : histoire d'une subversion*, Paris, Syros, 1977. [Le récit d'un journaliste, compagnon de route de la mouvance].

III. IDÉES.

Aujourd'hui l'écologie, *Le Pouvoir de vivre*, n° spécial de *Ecologie*, mars 1981. [Le programme pour l'élection présidentielle de 1981. L'un des plus complets produits par les écologistes].

Bosquet (Michel), *Ecologie et politique*, Paris Galilée, 1975. *Ecologie et liberté, Paris,* Galilée, 1977. [Deux recueils de textes, parus, pour l'essentiel, dans *Le Nouvel Observateur*, d'un des intellectuels compagnon de route de la mouvance].

Charbonneau (Bernard), *Le Feu vert : autocritique du mouvement écologique*, Paris, Karthala, 1980. [Le point de vue de l'un des principaux intellectuels prophétiques du courant écologiste].

Dumont (René), *L'Utopie ou la mort !*, Paris, Seuil, 1973. [L'un des principaux et des plus politiques des ouvrages de R. Dumont qui donne une idée des analyses et de la tonalité prégnante, à l'époque, dans ce courant].

Dumont (René), Lalonde (Brice), Moscovici (Serge), *Pourquoi les écologistes font-ils de la politique ?*, Paris, Seuil, 1978.

Lalonde (Brice), Simonnet (Dominique), *Quand vous voudrez,* Paris.

Pauvert, 1978. [Deux exposés – qui ont peu vieilli – de la démarche écologiste, par d'anciens acteurs du mouvement].

Fournier (Pierre), *Y'en a plus pour longtemps*, Paris, Ed. du Square, 1975. [Les analyses de l'un des pionniers du mouvement écologiste].

Les Verts, *Les Verts et l'Europe,* Paris, s.n., mai 1989. [Le programme élaboré pour les élections européennes de juin 1989. Le plus récent des programmes des *Verts cp*].

Waechter (Antoine), *Dessine moi une planète,* Paris, Albin Michel, 1990. [Un livre programme du leader actuel des *Verts cp* : les aspects environnementalistes y sont privilégiés].

V. ACTEURS.

Boy (Daniel), « Le vote écologiste en 1978 », *Revue française de science politique*, vol. 32, n° 2, avril 1981, p. 394-416. [L'une des analyses les plus fouillées du vote écologiste. Privilégie les concepts de fraction de classe et de frustration relative].

VI. SIGNIFICATION.

Alphandery (Pierre), Bitoun (Pierre), Dupont (Yves), *L'Equivoque écologique,* Paris, la Découverte, 1991. [Une réflexion sur les ambiguïtés et les avenirs possibles de l'écologisme].

Boy (Daniel), *Le vote écologiste : évolution et structures*, cahiers du CEVIPOF - 5, s.l., s.d. (1991). [Une tentative de synthèse sur le vote écologiste et son évolution de 1974 à 1989].

Bramoullé (Gérard), *La Peste Verte,* Paris, Les Belles lettres, 1991. [Un pamphlet impétueux et stimulant].

Faivret (Jean-Philippe), Missika (Jean-Louis), Wolton (Dominique), *L'Illusion écologique,* Paris, Seuil, 1980. [Pour une critique vive mais datée].

Inglehart (Ronald), *The Silent Revolution. Changing Values and Political Styles Among Western Publics,* Princeton, Princeton University Press, 1977. [La thèse du post-matérialisme qui fut ensuite appliquée à l'écologisme].

Kitschelt (Herbert), « Left-libertarian Parties : Explaining Innovation in Competitive Party Systems », *Word Politics*, vol. XL, n° 2, January 1988, p. 194-234. [La thèse de l'écologisme comme parti libertaire de gauche].

TABLE DES MATIÈRES

INTRODUCTION 3

CHAPITRE PREMIER. — Genèse : la laborieuse émergence de l'écologisme français 11

I. Jusqu'en 1974, 11. — II. Une structuration et une unification difficiles, qui restent inachevées, 13.

CHAPITRE II. — Les Verts cp : organisation, fonctionnement, nature, stratégie 27

I. Aperçu, 27. — II. Les Verts CP sont-ils un parti ?, 28. — III. La nature organisationnelle des Verts CP et son évolution, 41. — IV. Une stratégie conflictuelle, 48.

CHAPITRE III. — Idées 53

I. La thématique écologiste, 53. — II. Sources, 59. — III. Caractère composite et parfois contradictoire, 61. — IV. Les programmes et leur évolution, 63.

CHAPITRE IV. — Acteurs 77

I. L'électorat, 77. — II. Les adhérents, 91. — III. Les dirigeants, 95.

CHAPITRE V. — Signification de l'écologisme 103

1. Des interprétations diverses, voire contradictoires et insatisfaisantes, 103. — II. Eléments d'interprétation, 112.

CONCLUSION 121

BIBLIOGRAPHIE 125

Imprimé en France
Imprimerie des Presses Universitaires de France
73, avenue Ronsard, 41100 Vendôme
Mars 1992 — N° 38 031